Libre de rêver…

© 2018, Daum, Virginie
Edition : Books on Demand,
12/14 rond-Point des Champs-Elysées, 75008 Paris
Impression : BoD - Books on Demand, Norderstedt, Allemagne
ISBN : 9782322163427
Dépôt légal : octobre 2018

Libre de rêver…
…Ou quand tout devient possible

Virginie DAUM

Edition : BoD – Books on Demand
12/14 rond-point des Champs-Elysées, 75008 Paris
Impression : BoD – Books on Demand,
Norderstedt, Allemagne

Numéro ISBN : 9782322163427
Dépôt légal : Octobre 2018

Sommaire

Première partie :
Une histoire de vie

Deuxième partie :
Construire votre bonheur… ou comment avancer vers vos rêves dès maintenant ?

✖ Croire en soi et faire confiance à la vie
  ★ Etre son meilleur ami
  ★ La pensée positive
✖ Trouver sa propre voie
  ★ Le bonheur
  ★ Retrouver ses envies profondes
✖ Quelques remarques et conseils avant de vous lancer

Mes jeux pratiques pour avancer vers votre rêve
  ✖ Prendre de la hauteur
  ✖ Définir ses rêves
    ★ Le jeu de la liste
  ✖ Prendre confiance
    ★ Le jeu du meilleur ami
  ✖ Garder sa motivation intacte
    ★ Le tableau de visualisation
  ✖ Avancer vers son rêve
    ★ Le jeu de l'apéro-rêves
  ✖ Atteindre son objectif
  ✖ Votre rêve est atteint… !

A tous les rêveurs…

Mon monde est tel que je l'ai toujours rêvé.... Beau et abîmé, sombre et profond, puis lumineux et trouble, excitant, inquiétant, affolant, amusant, délirant.... L'aurais-je imaginé mille fois que je ne pourrai jamais l'étreindre entièrement, le sentir totalement... seulement le pressentir, comme autant d'atomes, de parcelles, qui composent un tout dont je ne connais pas les limites.

Une lente ascension vers le bonheur... c'est ce que je ressens aujourd'hui. Tout prend sens, se dessine. Je commence à comprendre les raisons de mes errances, les années passées à souhaiter m'éteindre, pour mieux me réveiller. Un monde de poésie s'ouvre devant mes yeux, bien plus vaste que tout ce que j'aurais pu rêver auparavant.

Les possibilités sont telles qu'elles me donnent le vertige et je ne sais par où commencer. Je voudrais explorer chacune d'elles, comme autant d'outils qui viendraient panser des plaies qui ont eu peine à se refermer et qui parfois s'ouvrent encore.

Mais pour comprendre ce qu'il se passe aujourd'hui, il faut que je vous présente mon « hier ». Un passé souvent douloureux, que j'accepte maintenant, comme un vieil ami qui m'aurait fait du mal et à qui j'ai pardonné.

Ce livre est né du désir de partager mon expérience, afin de répandre l'idée que, dès lors qu'on y croit et qu'on avance vers son rêve, tout devient possible. Et cela même si l'on est parti du mauvais pied dans la vie, même si l'on n'a pas eu les bonnes cartes au départ, et même si l'on est tombé plusieurs fois. Parce que si nous faisons l'effort de nous relever, d'avancer, et de croire, alors nous ouvrons les portes d'infinies possibilités, et devenons, enfin, LIBRES DE RÊVER...

Première partie :

Une histoire de vie

Tout est sombre et froid

Un sous-sol humide, poisseux et lugubre... Autour de moi, les lumières vacillent et le plafond est bas, il m'écrase. Je crains de me retourner, car chaque coup d'œil me fait découvrir un nouveau squelette. Dans chaque recoin, comme tout droit sortis d'un film d'horreur, ils tournent la tête et me regardent d'un drôle d'air. Au centre de ce qui semble être la salle principale, gît un tas d'ordures entassées là depuis trop longtemps. L'odeur est rance, elle me prend au nez et me donne la nausée. Partout, des rats vont et viennent, ne faisant que peu de cas de ma présence.

Je n'ai qu'une idée en tête : rentrer chez moi. Tremblante de peur, je cours à perdre haleine. Le souffle court, mes jambes peinent à me porter. Bientôt, le dédale des couloirs me perd et je ne sais plus où je suis. Mais il me semble que je n'ai que deux étages à gravir pour retrouver la chaleur de mon appartement.

N'écoutant que mon courage, je continue ma quête et enfin, je trouve le chemin de l'ascenseur. Il s'ouvre, je saute dedans et appuie fébrilement sur le bouton du deuxième étage. La machine se referme, semble démarrer son ascension, puis rouvre ses portes, me ramenant immanquablement dans cet enfer. Qu'importe, je sais que les escaliers ne sont pas loin. Je replonge dans les méandres de ce gouffre, et poursuit ma quête. Une porte, des escaliers… je monte chaque marche comme si chacune d'elle constituait ma dernière chance. Et tandis que les marches semblent grandir à chacun de mes pas, je sens que la sortie s'éloigne encore un peu plus.

Soudain, je vois la porte m'indiquant que je suis arrivée au deuxième étage. Je l'ouvre… le palier doit être juste derrière. Raté… la cave et ses squelettes m'ouvrent à nouveau leurs bras.

Mon cœur bat à tout rompre. J'ouvre les yeux. Il fait nuit. Je suis dans mon lit. Ce satané cauchemar a refait surface. Des années qu'il me poursuit tel un fantôme avide de me faire peur. Je n'aurais jamais imaginé qu'à l'âge de vingt ans, ma mère viendrait m'éclairer sur sa signification. Mais il est trop tôt pour en parler. Rembobinons le film pour le vivre depuis le début.

Les premiers pas

Août 1981... J'ouvre les yeux dans ce monde qui me semble étranger et découvre une famille autour de moi : un père, une mère, un frère, une sœur. Rien d'exceptionnel, en somme... J'ai été désirée pendant trois longues années. Ma mère me répètera souvent comme elle pleurait chaque mois, guettant le moindre signe d'une grossesse qui tardait à arriver. C'est réconfortant, quand on y pense, de savoir que l'on a été attendue et désirée plus que tout. Cela donne un sentiment d'importance. En tous cas, c'est de cette façon que je l'ai envisagé. J'aimais presque entendre ma mère me raconter comme elle m'avait attendue, espérée, rêvée.

Après quelques jours de vie, le retour à la maison. Je suis dans mon couffin, bien au chaud. Tout est moelleux et rassurant. Par cette belle journée d'été, je m'apprête à découvrir ce qui devrait être mon cocon pour les prochaines années. Je ne vais pas être déçue.

Tandis que mes parents m'amènent dans leur chambre, mon père, pris d'une pulsion sexuelle, plaque ma mère sur le lit conjugal et se met à l'oeuvre. Cette dernière, portant les marques fraîches de sa césarienne, n'a de cesse d'hurler pour demander à mon père de mettre un terme à cet acte d'une violence inouïe. Mais chaque cri fait face à un nouvel assaut. Et tandis que les deux s'affrontent, j'assiste à la scène, impuissante. La scène est surréaliste... ma mère vient d'être violée par mon père[1].

Ce premier épisode de ma vie donna le ton pour les quelques années qui allaient suivre. Des années sombres, où mon quotidien malheureux me semblait cependant être la norme. Lorsqu'on est enfant et que l'on grandit dans un environnement instable et non sécurisant, on ne se figure pas qu'un autre modèle puisse exister. Notre quotidien est pour nous « normal ».

J'ai grandi dans un foyer pauvre. Ce n'est pas pour moi une source de regret, ni d'apitoiement. J'étais consciente de notre pauvreté, mais je n'en souffrais pas. Je n'ai jamais connu la faim, et même si j'enviais certains de mes amis qui avaient plus de jouets que moi, j'ai toujours eu la sensation de ne manquer de rien.

---

[1] Ce récit me fut raconté par ma mère quelques vingt-cinq années plus tard.

Nous habitions dans une cité de la métropole lilloise. Un ensemble de tours qui, tels des monstres de béton, surveillaient la vie de leurs habitants. Quand j'eus un an, nous avons déménagé d'une tour pour emménager dans une autre. A l'époque, semble-t-il, c'était celle la plus prisée de la cité, où il faisait bon vivre.

Notre appartement était situé au deuxième étage de l'entrée numéro quatre. Depuis la fenêtre de ma chambre, j'apercevais le grand parking qui nous séparait des tours voisines. Une triste forteresse d'une dizaine d'étages. Au bas de celle-ci, des commerces s'étendaient sous les immeubles qui formaient un L : un supermarché, un magasin d'articles de sport, une ludothèque, un bar, un débit de tabac, une boulangerie... Ce dernier lieu était mon endroit favori... Les fameux « cinq francs de bonbons » que j'allais chercher occasionnellement. Les délicieux gâteaux me faisaient de l'œil aussi, mais ils étaient hors de ma portée... ou plutôt hors de la portée de notre porte-monnaie. A l'occasion, ma mère me faisait l'immense plaisir de m'acheter un pain au chocolat... c'était jour de fête !

Ce quartier, comme beaucoup de cités HLM, n'était pas des plus accueillants : trafics de drogues, feux de poubelles, harcèlement de rue, tentatives de meurtres... Je voyais les jeunes traîner en bas des immeubles, faisant leur petit commerce au grand jour. Malgré tout, je ne peux pas dire que cela m'affectait particulièrement. J'y étais née, mon environnement me semblait quelque peu banal. Je me souviens même de mon émerveillement quand, n'étant encore qu'une enfant, je voyais arriver les pompiers qui venaient éteindre les feux de poubelles. Cela arrivait fréquemment le soir. Nous nous positionnions alors à la fenêtre, et regardions leurs manœuvres. J'avais les yeux grands ouverts devant toutes ces lumières qui dansaient dans la nuit, tel un spectacle improvisé, un ballet qui n'avait pas besoin de mise en scène. Les sirènes retentissaient, et tout le monde observait ce manège, pris dans l'action du moment. Je rêvassais devant cette jolie danse, inconsciente du danger des flammes qui auraient pu se propager jusqu'à nous.

Je partageais ma chambre avec ma grande sœur. De cinq ans mon aînée, nous nous chamaillions régulièrement. Je me souviens des colères noires que piquait ma mère qui, ne supportant pas de nous voir nous disputer, arrivait dans notre chambre, et renversait au sol tous les jouets que nous avions. Puis elle criait : *« Maintenant, vous avez de quoi vous occuper, vous n'avez plus qu'à tout ranger ! »*.

Je n'avais alors pas idée que ma sœur deviendrait plus tard mon pilier, celle sur qui je pourrai toujours compter, qui m'épaulerait dans les grandes étapes de ma vie, et ses moments difficiles. Ma sœur était d'un tempérament que je qualifierais de « facile ». Souvent d'humeur égale, bien intégrée à l'école, aimant la « rigolade ». Elle semblait mener sa barque de façon aisée.

J'ai évidemment peu de souvenirs de ma plus tendre enfance. Ceux qui restent imprimés dans la mémoire consciente remontent, pour ma part, à l'âge de quatre ans environ.

Avant cela, lorsque j'avais trois ans, mes parents ont divorcé. Ce passage de ma vie existe certainement encore dans mon subconscient, mais ma mémoire me fait défaut. Ce que je sais, c'est que ma mère, alors femme au foyer, fut obligée de trouver un emploi rapidement. Elle se rendit en mairie, où un poste de femme de ménage lui fut proposé dans ce qui deviendrait plus tard mon école primaire. Elle l'accepta. Elle avait trois bouches à nourrir et ne pouvait pas faire la difficile.

Ma mère était issue d'une famille ouvrière. Elle était la dernière d'une fratrie de six enfants.

Treize mois la séparaient de son frère le plus proche. Elle aimait rappeler qu'elle était un bébé-surprise, qui n'avait pas été désiré. Elle se surnommait elle-même « le vilain petit canard » et n'avait de cesse de se poser en victime. Elle broyait du noir en permanence. Aussi loin que je me souvienne, j'ai toujours connu ma mère dépressive. D'après mon frère, son état dépressif avait commencé deux ou trois ans avant ma naissance. Et cela empirait d'année en année, si bien qu'elle finit par développer des pensées suicidaires.

Son enfance avait été marquée par un environnement violent. Sa mère travaillait à domicile et réalisait des travaux de couture, tandis que son père était ouvrier en usine. Mon grand-père était alcoolique et il battait ma grand-mère. L'ambiance était pesante au sein du foyer. Tout puait l'alcool et la violence. Ma mère me racontait souvent comment, petite fille, sa mère l'emmenait en pleine nuit, elle et ses frères et sœurs, arpenter les rues de son village, pour échapper à son père, qui, sous l'emprise de l'alcool, menaçait de tuer toute la famille et de les enterrer dans le jardin de la maison familiale. Il préparait soigneusement le trou pour accomplir sa mission. Cela se répétait souvent, et ma mère finissait par s'endormir, la tête posée sur l'épaule de sa mère, tout en continuant à marcher, tel un automate.

Ma grand-mère semblait être une femme douce et soumise, qui n'a certainement pas trouvé la force de quitter cet enfer. Elle et mon grand-père mourront la même année d'un cancer, trois ans après ma naissance. Quelle injustice quand on y pense ! Cette femme, qui avait vécu les pires années de sa vie sous les coups de son mari, s'en allait quelques mois à peine après lui, alors qu'elle aurait enfin pu profiter du répit qui lui était accordé. Ma mère m'a souvent dit que je ressemblais à ma grand-mère : de grands yeux clairs, et des traits de visage similaires. Ma grand-mère était quelqu'un de bien. Ma mère n'avait de cesse de me dire tout l'amour qu'elle lui portait, et la peine qu'elle avait de l'avoir perdue. J'étais heureuse de ressembler à cette grand-mère que je n'avais presque pas connue, mais dont les photos faisaient ressortir la douceur.

Je passais donc mon enfance entourée de ma mère, ma sœur, et mon frère. Celui-ci était de dix ans mon aîné. Je n'ai que peu de souvenirs des moments que j'ai partagés avec lui durant mon enfance. Il quitta la maison lorsque j'avais dix ans. Mon frère était d'un tempérament soupe au lait, et je me souviens que ma sœur et moi le craignions. Il pouvait se mettre dans des états de colère absolue en quelques secondes, pour des détails à mon sens insignifiants.

Puisque mon père n'était plus à la maison, mon frère avait en quelque sorte pris sa place. Ainsi, au-delà d'être un grand frère, il était pour moi un père de substitution. C'est lui qui m'accompagna lorsque je fis mon entrée en classe de CP. Je m'en souviens encore, car, sortant de l'école, je lui déclarais fièrement : *« C'est trop nul l'école, je me suis ennuyée »*. Cela l'avait fait rire, et je n'en étais pas peu fière.

D'aussi loin que je me souvienne, j'ai toujours voulu faire bonne impression auprès de mon frère. Je savais que l'école n'était pas son truc, il n'était pas un brillant élève, et préférait de loin faire des bêtises avec ses amis, et draguer les filles. Il était beau. C'était un rebelle. Il plaisait, les filles tombaient comme des mouches. Il avait adopté un certain style vestimentaire qui lui permettait de marquer son opposition. Je ne pouvais m'empêcher d'être impressionnée par le manteau qui trônait dans sa chambre : une veste en jean à l'arrière de laquelle il avait cousu un tissu arborant une immense tête de mort. Des chaînes en métal venaient agrémenter l'ensemble, ainsi qu'un bracelet clouté qu'il portait souvent au poignet. Cette veste était accrochée, par un cintre, à la porte du placard de sa chambre. Et lorsque ma mère me demandait de m'y rendre pour y déposer les vêtements propres qu'elle venait de plier, je ne pouvais m'empêcher d'avoir quelques frissons à la vue de ce décor lugubre.

Bref, en ce premier jour d'école, j'avais senti que si je voulais briller dans les yeux de mon frère, je devais dénigrer l'école. Pas besoin d'en faire des tonnes : cette première matinée consacrée aux formes géométriques m'avait particulièrement ennuyée.

Mon rapport à l'école a toujours été ambigu. J'étais une bonne élève, souvent dans les premiers de la classe. Et pourtant, tout avait plutôt mal commencé.

C'est une école maternelle privée qui me vit faire mes premiers pas dans le système éducatif. Aujourd'hui encore, je ne sais pas pourquoi ma mère avait préféré le privé au public, puisque je suivis tout le reste de mes études dans des écoles publiques.

Le fait de me séparer de ma mère pour y passer des journées entières m'était difficile. Jusqu'alors, c'est elle qui s'occupait de moi. Et à l'époque, elle était très protectrice à mon égard. Elle et moi avons toujours eu des liens très forts, dans le bon sens du terme comme dans le mauvais. Alors, c'était un véritable cauchemar chaque matin, quand elle me déposait devant l'école. J'apercevais cette cour immense, entièrement recouverte de cailloux blancs, et je ne parvenais pas à me résoudre à la traverser pour rejoindre la salle de classe. C'était un déchirement insoutenable. Le moment des au revoir se terminait généralement dans les pleurs.

J'étais une enfant d'une extrême timidité, presque maladive. Les gens me faisaient peur. J'avais aussi la particularité d'être très grande pour mon âge. Ainsi, je me suis vite sentie différente. Et les enfants ne sont pas là pour être tendres à cet âge ; ils vous lancent des vérités à la figure tels des jets de pierre. Je me souviens encore de cet enfant, qui en moyenne section de maternelle, m'avait dit : *« Mais, tu ne devrais pas être avec nous chez les moyens, tu devrais être chez les grands ! »*. Je suppose aujourd'hui qu'il n'y avait aucune méchanceté dans cette remarque, mais je l'ai vécue comme un rejet. Je n'étais pas à ma place, je n'avais pas à être là. C'est un peu plus tard que les réelles moqueries commenceront à me tomber sur la tête : « *Girafe !* », « *Baguette !* », « *Il fait beau là-haut ?!* », « *Grande asperge !* », « *Quand il pleut, tu le sais avant nous !* ».

J'étais aussi souvent impressionnée, par les gens, par les évènements, et j'avais sans cesse peur de mal faire. J'étais terrorisée à la moindre demande.

Je me souviens qu'en grande section de maternelle, je réclamais aux institutrices d'aller faire la sieste avec les plus petits. C'était pour moi un moyen d'échapper aux exercices qu'on allait me demander de réaliser. C'est la boule au ventre que j'écoutais chaque fois l'institutrice annoncer de nouvelles consignes. Je craignais de mal comprendre, et surtout de mal faire. Alors, pour moi, le fait d'aller à la sieste avec les plus petits était le moyen que j'avais trouvé pour échapper à tout cela. Si je dormais, on ne pouvait rien me demander. Ma mère fut alors convoquée, car les institutrices pensaient que je manquais de sommeil à la maison. En effet, comment expliquer qu'un jeune enfant réclame d'aller à la sieste, si ce n'est à cause d'une fatigue intense ? Lorsque ma mère m'en a parlé, j'ai aussitôt compris que j'étais en train de lui créer des problèmes, et je suis rentrée dans le rang. J'étais tellement docile que je ne voulais causer de problème à personne.

Mais la scolarité dans cette école me fut pénible pour une autre raison. En grande section de maternelle, mon institutrice m'avait prise en grippe. Je ne sais pour quel motif. Elle m'avait donné un surnom : *« la guenon »*. Elle me disait aussi souvent que j'étais mal dégourdie, et aimait me ridiculiser. Moi qui peinais à apprivoiser ce corps trop grand pour moi, je la croyais. Je me trouvais gauche. Déjà mal dans ma peau, je vous laisse imaginer les ravages que peuvent faire ce genre de propos sur une enfant de cinq ans. J'étais totalement paniquée et au bord des larmes chaque fois qu'elle s'attaquait à moi, comme si chacune de ses remarques était un nouveau coup de griffes qui venait me blesser un peu plus profondément. Je me sentais piégée, traquée, coincée dans cet endroit que l'on m'imposait.

Je demeure dans l'incompréhension. Comment une adulte qui a fait le choix de s'occuper d'enfants peut-elle les détruire à ce point ? Je ne peux que faire des suppositions. Peut-être avait-elle un complexe d'infériorité qui l'incitait à humilier les autres pour se sentir exister…

Je ne disais rien de ces mauvais traitements à la maison. Je ne saurais dire pourquoi je gardais le silence, mais sans doute avais-je déjà compris que ma mère n'avait pas besoin qu'on lui ajoute des problèmes. Elle en avait suffisamment. Je ravalais donc ma fierté, et tenais bon... jusqu'au jour où je me suis effondrée.

C'était le mois de mai, la fin de l'année était donc proche. Je n'avais plus que quelques semaines à tenir avant de pouvoir être libérée de cette cage qu'était cette école, mais à cet âge-là, on n'a pas la notion du temps. J'ai donc offert à ma mère le cadeau confectionné à l'école, à l'occasion de la fête des mères... et je me suis mise à pleurer. C'était un flot ininterrompu de larmes qui coulaient et inondaient mes joues tel un raz-de-marée. J'avais ouvert les vannes, et le robinet semblait cassé, impossible de l'arrêter.

Ma mère ne comprenait pas ce qui se passait. De mon côté, je peinais à reprendre mon souffle. J'hoquetais, je ne savais pas par quoi commencer. Comment relater, à l'âge de cinq ans, des humiliations dont on a été victime pendant plusieurs mois ? J'avais honte également... honte d'avoir attendu si longtemps avant de parler. J'aurais dû agir avant, mais j'étais terrorisée.

Lorsque je parvins enfin à articuler quelques mots, ma mère comprit. Je pense qu'elle se remémora alors les séparations difficiles le matin au moment d'entrer dans l'école, la boule au ventre à chaque retour de vacances... elle en fut mortifiée. Elle prit la décision de me retirer de cette école sur le champ. Ce fut un immense soulagement pour moi. Tout s'arrêtait... la porte de la cage s'entrouvrait.

Selon les propos qu'elle me tint plus tard, pour la première fois, mon père réagit au quart de tour et alla faire un scandale auprès de ladite école, outré par le traitement dont j'avais été l'objet.

Mon père... à lui seul, il aurait pu écrire toute une saga, tant sa vie connut mouts rebondissements.

Mes parents ont donc divorcé quand j'avais trois ans. Ils se sont remariés trois ans plus tard, mais entre-temps, la vie de mon père fut bien mouvementée, et ne manqua pas de déteindre sur la nôtre. On ne peut pas dire que j'eus par son intermédiaire un modèle sur lequel me baser pour grandir et m'épanouir.

Au divorce de mes parents, ma mère eut la garde principale de ses enfants. Mon père pouvait donc nous voir de façon ponctuelle. Mais les moments passés en sa compagnie furent de courte durée. On s'aperçut bientôt qu'il nous emmenait systématiquement au bar PMU du coin. Il est vrai qu'aujourd'hui encore, lorsque je franchis le seuil de ce type d'endroit, l'odeur, l'ambiance qui y règne, les éclats de voix, me ramènent immanquablement vers un passé que j'ai du mal à identifier, car il se fait de plus en plus flou. Je garde aussi en mémoire de vagues souvenirs de parties de flipper. Au vu du sentiment que cela déclenche en moi, j'ai l'impression que je n'ai pas réellement souffert de ces virées inappropriées.

Je n'ai que peu de souvenirs de cette époque avec mon père. Et pour cause, j'apprendrai une dizaine d'années plus tard que celui-ci fut emprisonné quelques mois pour escroquerie, peu de temps après le divorce de mes parents, lorsque j'avais entre quatre et cinq ans. A l'époque, il travaillait pour une association caritative, qui l'avait embauché pour faire du porte à porte afin de récolter des dons. Une fois son contrat terminé, mon père avait continué son activité au nom de l'association, et il empochait évidemment l'argent pour son propre compte.

C'est une conversation que j'avais surprise entre ma mère et ma sœur qui m'avait mis la puce à l'oreille. Je devais avoir environ quatorze ans, quand je les entendis discuter ensemble à ce sujet. Je ne me souviens plus précisément ce qu'elles disaient, mais je me rappelle avoir entendu le mot « *prison* » associé à celui de mon père. Voulant en savoir plus, j'étais sortie de ma chambre, et avais demandé à ma mère de quoi il s'agissait. Elle m'avait alors raconté toute l'histoire.

J'étais abasourdie. La prison était pour moi un endroit réservé à une catégorie de personnes éloignée de la mienne. Et à cet instant, j'apprenais que mon propre père y avait séjourné. Ce fut un choc intense. Je sentis mes jambes fléchir, et je dus m'asseoir pour me remettre de mes émotions. Puis, à l'abri des regards dans ma chambre, je laissais les larmes couler.

J'imagine que volontairement, ma mère m'avait caché ce qu'il s'était passé à sa sortie de prison. Je ne l'appris que bien plus tard. A l'âge de vingt ans environ, je me levais un dimanche matin, et partageais mon petit-déjeuner avec ma mère. C'est alors que, sans vraiment savoir pourquoi, je me mis à lui raconter un cauchemar qui était récurrent depuis ma plus petite enfance… celui-là même que je raconte quelques pages plus haut.

Je décidai donc de lui en parler, sans attendre quoi que ce soit de sa part. Je souhaitais simplement me décharger de la peur que j'avais encore ressentie cette nuit-là. Contre toute attente, elle me répondit « *J'ai peut-être une explication* ».

Je me souviens alors de la réaction dubitative que j'eus. Ma mère avait fini par développer des tendances paranoïaques, et s'imaginait que la terre entière lui en voulait et souhaiter son malheur. Un des médecins traitants que nous avions à l'époque m'avait un jour demandé des nouvelles de ma mère, et je lui avais dit « *Ça va, mais j'en ai marre, elle est complètement parano !* ». Ce à quoi il m'avait répondu : « *En effet, elle a des tendances paranoïaques* ». J'avais été très surprise de sa réponse, car j'avais employé ce mot à la volée. J'étais adolescente à l'époque, et c'est un adjectif que j'utilisais à tout va. De par sa réponse, j'avais pris conscience que ce mot était plus qu'un banal adjectif, mais la définition d'un trouble mental. Cela m'avait quelque peu perturbée. Ma mère, déjà dépressive, était victime d'un trouble mental associé.

Ainsi, je me demandais bien ce qu'elle pouvait avoir à m'expliquer, quand je lui parlais de « *squelettes* » et de « *cave* ». Je m'attendais à une histoire tirée par les cheveux.

Elle m'expliqua alors qu'à sa sortie de prison, mon père n'avait plus d'endroit où habiter. Il était sans domicile fixe. C'était l'hiver, et il faisait très froid. La nuit, pour ne pas dormir dehors, il dormait dans le box dont nous disposions à la cave. Ma mère avait peur qu'il meure de froid, mais elle n'osait pas descendre elle-même à la cave pour voir s'il allait bien... peur de l'affronter ? peur de découvrir un cadavre ? Je ne le saurai jamais. Toujours est-il qu'elle envoyait mon frère à sa place, en lui disant « *Va voir à la cave si ton père est pas mort !* ».

Je restais sans voix face à cette explication. Jamais je n'aurais imaginé que mon père ait été sans domicile fixe un jour. Le choc d'apprendre qu'il avait fait de la prison avait déjà été brutal à l'époque, j'avais l'impression d'un autre poids sur les épaules. A nouveau, l'idée qu'un membre proche de ma famille, et qui plus est mon père, puisse avoir été à la rue, m'était insupportable. Et même si je ne le connaissais que peu, le fait d'imaginer sa souffrance, physique et psychologique, m'avait attristée. Je l'imaginais, transi de froid, dans ce sous-sol lugubre et puant, faisant le constat de son échec cuisant.

Puis je réfléchissais… à sa sortie de prison, je devais avoir environ cinq ans. Mon frère en avait donc quinze. Je trouvais que c'était une sacrée responsabilité imposée à un adolescent. J'étais choquée que ma mère lui ait fait porter cette charge. Je comprenais aussi que mon cerveau d'enfant n'avait pas réussi à analyser l'information que j'entendais *« Va voir à la cave si ton père est pas mort ! »*. Je sais aujourd'hui que le cerveau a des difficultés à intégrer la négation. Dites à votre enfant *« Ne traverse pas la route »*, vous pouvez être sûr qu'il va le faire… Préférez *« Reste bien sur le trottoir »*. Idem si l'on vous demande de ne pas penser à un éléphant rose. Ainsi, le fait d'entendre dans la même phrase les mots *« père »* et *« mort »* avait fait naître le doute dans mon cerveau… Mon père serait-il mort dans la cave ? Mon jeune âge ne m'avait pas permis d'analyser correctement l'information, et elle surgissait dans mon esprit à chacun de ces cauchemars, cherchant une solution plausible à tout cela. En effet, j'avais revu mon père après cet épisode, il n'était pas mort. Et pourtant, mon subconscient avait enregistré le fait qu'il était mort, dans la cave. Comment ces deux informations contradictoires pouvaient-elles être interprétées par mon cerveau ? Chacun de mes cauchemars était l'occasion pour mon esprit de chercher une solution logique à ce que j'avais vu et entendu... en vain... jusqu'à ce jour.

Ce qui me subjugue encore aujourd'hui, c'est que, après avoir eu ces explications, plus jamais je ne refis ce cauchemar. Ce fût terminé pour toujours. Mon cerveau avait compris, il me laissait tranquille.

Mais bref, me voilà donc âgée de cinq ans environ. Mes parents sont divorcés. Mon père vient de sortir de prison, il vit à la rue. Et ma mère ne va pas bien. Cela fait deux ans qu'elle a perdu sa mère et elle ne s'en remet pas. La vie qu'elle mène ne lui convient pas. Elle élève seule trois enfants, vit dans une cité, et fait le ménage pour gagner sa vie. Je découvrirai au moment de sa mort la vie dont elle avait toujours rêvé, qu'elle avait consignée par écrit : avoir un mari aimant, de beaux enfants, une maison, et un chien. Le rêve de la petite vie de famille parfaite... on en était bien loin !

Pour soulager sa détresse, elle échange avec l'une de ses collègues de travail, particulièrement sympathique et avenante. Elle évoque son mal être et sa solitude. Sa collègue lui propose de la rejoindre le week-end suivant à une réunion à laquelle elle participe chaque semaine. Elle lui promet qu'elle pourra y rencontrer une communauté qui prendra soin d'elle, et qui l'entourera. Ma mère accepte. Sans le savoir, elle vient de mettre les pieds dans une secte.

L'endoctrinement

J'ai cinq ans, et tout va très vite, ma mère se rend à toutes les réunions de cette secte, et nous l'accompagnons. Elle fait rapidement partie intégrante de cette communauté.

J'évolue donc maintenant dans ce mouvement sectaire. Nos règles de vie sont édictées par celui-ci. Sans chercher à comprendre, je me soumets docilement. Cela me vaut quelques mésaventures au dehors, mais j'obtempère.

Par exemple, en grande section de maternelle, j'assiste à l'un de mes premiers goûters d'anniversaire depuis que j'ai intégré cette secte. Il m'est désormais interdit de fêter les anniversaires de naissance, s'agissant d'une fête païenne, selon les préceptes enseignés par le mouvement sectaire. On me dit que le Dieu que je dois maintenant servir voit tout et entend tout, et que si je désobéis, il le saura. Et cela est valable pour tout, dans tous les aspects de la vie. La pression est donc permanente. Ainsi, je refuse gentiment de manger la part de gâteau que l'on me tend, en expliquant que je ne peux pas, car je suis une fidèle de cette secte. Etant très timide, le fait de refuser ce gâteau me coûte terriblement. Cela me demande un courage immense.

Mais la réaction de l'institutrice ne se fait pas attendre, elle me met à la porte de la classe, dans le hall d'entrée, s'offusquant vertement du fait que je refuse cette friandise. Je ne comprends pas le traitement dont je fais l'objet : je n'ai pas le droit de manger ce gâteau, et on me punit pour cela. Je suis triste, je trouve cela injuste. J'ai peur aussi, car l'institutrice m'a crié dessus. Je la sens énervée contre moi. Quelques minutes plus tard, elle revient pour me tendre la part de gâteau. Je refuse à nouveau. Elle me laisse dehors. Elle fait une énième tentative... et je cède. Je suis fatiguée, et humiliée, je préfère mettre un terme à cette épreuve. Je mange le gâteau d'anniversaire.

J'aurais dû tenir bon, car quelques minutes plus tard, c'était l'heure de la sortie des classes. Mais je ne le savais pas. J'imagine la réaction qu'aurait eu ma mère si elle m'avait trouvée à la porte de ma classe, pour le simple fait d'avoir refusé de manger une part de gâteau d'anniversaire.

Je fis face régulièrement à ce genre d'incompréhension durant les treize années qui suivirent mon endoctrinement. Nous avons bien sûr cessé de fêter nos anniversaires, ainsi que les fêtes de Noël, puisque la secte les considère comme des fêtes païennes. Pour elle, seul l'anniversaire de mariage peut être fêté, puisque Dieu est l'instaurateur du mariage. C'est une chose que je regrette aujourd'hui. Je n'ai jamais goûté, étant enfant, à l'impatience engendrée par les préparatifs de Noël, à l'émerveillement devant le sapin (qui était absent de la maison), au décompte des jours avant le passage du Père Noël... Chaque fête de Noël que je vis aujourd'hui en tant qu'adulte me fait regretter ces moments volés de mon enfance, auxquels je n'ai pas eu droit. C'est comme une part de rêve qui n'a jamais pu exister, et qui arrive un peu trop tard. Alors, je rattrape le temps comme je peux en faisant vivre à ma fille les plus beaux des Noëls et des anniversaires.

Mais d'autres règles rythment mon quotidien. Il y a d'abord les réunions. Elles ont lieu trois fois par semaine : deux dans une salle de réunion, et l'une au domicile de l'un d'entre nous. Généralement, elles s'organisent de la façon suivante : une réunion de deux heures le mardi soir, une réunion d'une heure le jeudi soir, et une de deux heures le samedi soir, ou le dimanche après-midi.

Ces réunions nous permettent d'étudier la Bible, à partir de textes extraits de livres ou de revues édités par le mouvement sectaire. Des mises en scène préparées à l'avance nous permettent aussi de nous entraîner à la prédication. Nous analysons, par le biais de scénettes, comment nous pourrions aborder tel ou tel sujet de prédication, et comment répondre aux objections des personnes à qui nous nous adressons.

Lors de ces réunions, les discours s'enchaînent sur la façon dont nous devons nous conduire dans la vie. Différents thèmes sont abordés : la façon d'élever ses enfants, de gérer les crises d'adolescence, la façon de convertir son prochain à ce que la secte appelle « la Vérité », la façon de vivre sa foi, l'importance des prières, le fait de se préparer à la fin du monde, la résurrection, la multiplication des souffrances à travers le monde...

Avant d'assister à ces réunions, nous devons les préparer, c'est-à-dire lire soigneusement les textes qui seront abordés, et répondre aux questions qui figurent en bas de page. Cela favorisera notre participation durant la réunion.

Très vite, c'est-à-dire dès que je sais lire, je me plie à la règle. Je lis les textes, les surligne, réponds aux questions. Je m'applique comme une élève sérieuse. Cela m'amuse presque ! Mais mon jeune âge me fait parfois somnoler durant les réunions qui me paraissent interminables. Rappelons que deux de ces réunions ont lieu le soir, vers dix-neuf heures. Je vous laisse imaginer le rythme que cela impose à une enfant si jeune. La réunion se termine à vingt-et-une heures. Et avant de partir, nous échangeons amicalement les uns avec les autres, ce qui nous amène à rentrer chez nous peu avant vingt-deux heures. Alors parfois, c'est vrai, je suis fatiguée. Et je m'ennuie aussi… il arrive que je ne comprenne pas la moitié des discours qui sont prononcés par leurs orateurs.

J'apprécie cependant beaucoup les cantiques qui viennent ponctuer ces rassemblements. C'est pour moi l'occasion de chanter, et même si je suis timide, j'aime beaucoup cela. La musique, de façon générale, restera pour moi, jusqu'à aujourd'hui, une source d'inspiration et d'émotion.

A cela s'ajoutent des heures de prédication. Cela consiste à faire du porte à porte, pour aller porter « *la bonne nouvelle* ». Dès l'âge de cinq ans, on m'emmène dans cette aventure. Je me retrouve à taper aux portes d'inconnus, à tenter de les convaincre sur un sujet que je ne maîtrise pas encore. J'ai appris par cœur mon texte, mais je ne suis pas confiante. Je suis accompagnée d'adultes bien sûr, mais j'ai la peur au ventre. Et cela ne changera pas avec les années. Chaque fois que je sonne à une porte, j'espère secrètement que la sonnette est en panne, et que la personne ne m'a pas entendue. J'appréhende la rencontre, le moment où la personne va venir contredire ce que j'ai à lui exposer.

Il y a aussi les personnes agressives… heureusement, elles sont rares. Mais certaines nous préviennent qu'elles vont lâcher leur chien sur nous, ou nous menacent de représailles. Et même si je feins l'ignorance, je suis affectée par ces attaques. J'aimerais clamer à ces personnes que je suis une personne sympathique et attachante, et qu'il n'est nul besoin de m'attaquer personnellement. Nous avons des fiches de suivi pour chaque domicile que nous visitons. Nous signalons alors ces gens sur nos fiches au moyen d'un code, qui nous permet de prévenir les autres qu'il ne faut plus visiter ces maisons ou appartements.

Chaque mois, nous devons rendre compte de nos temps de prédication : le nombre d'heures consacrées, le nombre de revues ou livres que nous avons « *placés* » (c'est le terme utilisé), les gens qui ont été réceptifs, et que nous avons pu visiter à nouveau, etc. C'est ce qui s'appelle un « *rapport* ». Les « *anciens* » de la congrégation, qui sont les personnes veillant à son bon fonctionnement, se tiennent au courant de ces rapports, et peuvent repérer notre implication dans la diffusion des idées prônées par la communauté. Et gare à la baisse de régime… !

J'en fis les frais quand, à mes quinze ans, ma mère et ma sœur rencontrèrent un problème de santé. Elles étaient toutes les deux immobilisées pendant plusieurs semaines et ne pouvaient plus rien gérer à la maison. Je me retrouvais donc contrainte à m'occuper de tout : les courses, le ménage, les lessives, etc… sans oublier la préparation de mon bac blanc de français, ainsi que toutes les réunions auxquelles il fallait se rendre. Le rythme était intense. J'étais fatiguée.

Durant ces quelques semaines, mes heures de prédication étaient en chute libre. Ni une ni deux, nous reçûmes la visite des anciens de la congrégation, venus pour me faire la morale. Ma mère prit ma défense, évoquant la charge de travail qui m'incombait. Les anciens furent indulgents, et mirent de côté cette incartade. De mon côté, j'éprouvais de la honte, à l'idée d'avoir mal accompli mon devoir, et en même temps, j'étais quelque peu soulagée de pouvoir me soustraire en partie à ces obligations de prédication, qui m'angoissaient particulièrement. La pression était lourde de toute part. Il fallait gérer la maison comme une adulte, assurer le rôle de la parfaite et zélée prédicatrice, et valider mon bac blanc de français haut la main. C'était énorme, mais je prenais sur moi. J'avais peur d'échouer, mais je tenais bon et ne montrais rien, pour ne pas inquiéter mon entourage. Je n'étais pas du genre à me plaindre. Je craignais toujours d'importuner les autres avec mes soucis, alors je ne disais rien. Ma mère avait l'habitude de dire que j'étais tellement discrète, que si je me tuais en faisant une chute, j'oserais à peine crier de peur de déranger quelqu'un.

Il faut savoir aussi que la secte dispose de son propre système de régulation, appelé le « *comité judiciaire* ». Lorsqu'un membre de la congrégation, appelé frère ou sœur (s'il a été baptisé par la secte), fait un faux pas, il peut être convoqué devant ce comité, qui décide de la sanction à appliquer. Ces rappels à l'ordre peuvent concerner des faits anodins : un frère ou une sœur pris en train de fumer, des jeunes ayant un peu trop fait la fête, etc. ou bien des faits plus graves : inceste, vol, pédophilie, etc.

Si la personne se repentit, elle est réintégrée, sinon, elle peut être exclue de la congrégation. Cette dernière option est rarement appliquée, car bien souvent, la personne fait le choix de se repentir.

Notons que tout, dans cette communauté, est fait pour s'oublier soi-même. Nous ne comptons plus en tant qu'individu, mais en tant que serviteur de Dieu.

Je me rappelle le discours qu'avait tenu un surveillant de district (ces personnes ont un grade supérieur aux anciens de la congrégation et ont en charge la surveillance de plusieurs congrégations). Il avait expliqué combien il était nécessaire de s'oublier soi-même, au profit du service de Dieu. Pour marquer les esprits, il avait choisi de définir comme suit le mot « *moi* » dont l'emploi était, selon lui, à éviter le plus possible : M comme « Moche », O comme « Odieux », I comme « Ignoble ». A l'époque, cette définition m'avait quelque peu surprise, car je la trouvais extrême, mais mon esprit n'était pas entraîné à avoir un avis critique sur les choses. Tout était dicté par la secte, dont les membres détenaient la « Vérité », telle qu'ils l'appelaient, ils devaient donc sûrement avoir raison. J'acceptais ainsi l'idée que je devais m'oublier au profit de Dieu, et tout faire pour lui être fidèle du mieux que je pouvais, c'est-à-dire en respectant les règles prônées par la communauté.

Aujourd'hui, quand je repense à ces propos, je suis outrée. Comment peut-on embrigader des gens dans ce type de raisonnement ? Pour des personnes souvent déjà fragiles, l'oubli de soi finit d'achever ce qui leur reste de dignité ! Pour autant, il est certain qu'ils sont dès lors plus facilement manipulables, et c'est un sacré atout pour un mouvement tel que celui-ci.

Cette obéissance aveugle était rattachée à la doctrine principale mise en avant par la secte, selon laquelle Dieu va bientôt intervenir pour faire de la terre un paradis. Dans son intervention, il va tuer tous ceux qui ne le servent pas, autrement dit les personnes qui ne sont pas adeptes de la secte, que ceux-ci appellent *« les gens du monde »*, et il va garder en vie uniquement ceux qui le servent. Il va aussi ressusciter les morts, pour leur permettre de profiter de ce paradis terrestre. Les animaux eux-mêmes deviendront alors inoffensifs, et tout ce petit monde vivra en parfaite harmonie sur une terre paradisiaque.

Cette théorie me paraît grotesque aujourd'hui, mais à l'époque, je n'avais de cesse d'attendre le jour où je pourrai sans crainte faire un câlin à un lion ou à un ours.

Je ne sais comment il est possible que de telles doctrines soient assimilées et intégrées par des gens comme vous et moi. De mon côté, je n'avais que cinq ans lorsque je reçus cet enseignement. Tout me semblait donc normal. Néanmoins, j'ai côtoyé dans ce groupe tout un tas de gens éduqués et intelligents. Comment peut-on devenir crédule à ce point ? Cela n'est pas encore très clair pour moi aujourd'hui. Ce qui est certain, c'est que ma mère avait trouvé parmi ces gens un soutien sans faille, et c'est ce qui l'a amenée à se laisser endoctriner.

Aujourd'hui encore, je reste particulièrement méfiante dès lors que je découvre un nouveau courant de pensée faisant partie du champ du développement personnel, ou ésotérique, car je sais que ces deux domaines attirent parfois des groupes sectaires avides d'attirer à eux des personnes fragiles.

Fort heureusement, ce n'est pas toujours le cas. Bien souvent, le vocabulaire utilisé met la puce à l'oreille. Vous aurez sûrement remarqué que les adeptes de cette secte ont un vocabulaire bien à eux : *« gens du monde »*, *« anciens de la congrégation »*, *« surveillants de district »*, etc. Cette particularité doit alerter. Il en existe d'autres, tel que le fait, évidemment, de contribuer financièrement à son bon fonctionnement. Ma mère n'avait que peu de moyens financiers, et pourtant, tous les mois, elle donnait de l'argent à la communauté. Officiellement, il n'y a rien d'obligatoire, mais cela est vivement encouragé. La boîte à dons était placée visiblement dans la salle de réunion, et il était flatteur de montrer que l'on participait financièrement à son fonctionnement.

Une autre caractéristique est l'enfermement dans lequel vous vous retrouvez. Bien sûr, nous continuions à vivre tout en côtoyant ces *« gens du monde »*. Il fallait bien que nous allions à l'école ou au travail. Néanmoins, les rapports avec ces personnes devaient être limités au strict minimum.

J'eus cependant une chance que n'eurent pas certains de mes confrères, c'est que ma mère me laissa me lier d'amitié avec des personnes extérieures à la secte. Ainsi, lorsqu'à mon entrée au collège, je devenais très amie avec une copine de classe, ma mère ne m'empêcha pas de la côtoyer. Je la remercie car, encore aujourd'hui, cette amie tient une place importante dans ma vie. D'autres jeunes de la secte n'eurent pas cette chance, et furent obligés de mettre fin à des amitiés qui auraient pu leur être profitables.

Evidemment, la secte ne peut pas laisser ses disciples « s'acoquiner » de la sorte, puisque cela serait synonyme de risque... risque d'ouverture d'esprit sur le monde tel qu'il s'offre réellement à nous, avec sa diversité de croyances et sa palette de représentations du monde.

Notons aussi que, dès lors qu'un disciple est exclu de la congrégation, ou qu'il fait le choix de *« se retirer »* (c'est le terme utilisé pour désigner ceux qui sortent volontairement de la secte), le mot d'ordre est de ne plus lui adresser la parole... Et oui, il pourrait réussir à nous détourner du droit chemin, car lui, il a compris ! Il a compris le leurre présenté par la secte, les techniques de manipulation utilisées, le chantage *(« si tu ne sers pas fidèlement Dieu, tu seras tué lors de la fin du monde* »).

Ainsi, durant toutes ces années, je n'eus que peu de contact avec la vie réelle, et avec les gens de l'extérieur. Je n'ai développé aucun des liens que développent d'habitude les enfants avec leurs cousins et cousines. Et pourtant, je n'en manquais pas ! A elle seule, ma mère avait cinq frères et sœurs qui avaient tous des enfants. Au total, une douzaine de cousins et cousines auraient pu être mes partenaires de jeux.

Il faut savoir qu'il est extrêmement difficile de convaincre quelqu'un que le mouvement qu'il a intégré le manipule. Nous-mêmes nous qualifiions de religion[2]. J'étais en colère chaque fois que j'entendais quelqu'un dire que j'étais embrigadée dans un mouvement sectaire. C'était comme s'il remettait en cause mon mode de vie. Pour moi, si ma mère nous avait emmenés dans cette communauté, c'est qu'il s'agissait de la voie à suivre. Aucune contestation n'était possible. Comme tout enfant, je voyais ma mère comme quelqu'un qui avait la science infuse, et comme si

---

[2] A l'époque où j'évoluais dans cette secte, le mouvement était qualifié officiellement de « mouvement sectaire ». Il a depuis été requalifié de religion, manifestement à tort.

toute vérité sortait de sa bouche. Elle avait donc raison, point-barre.

Je ne peux pas dire que le fait de suivre les idées et les règles de la secte m'était agréable. Mais il fallait le faire... alors, je suivais. J'avais peur de désobéir. On m'avait dit que Dieu voit tout, et qu'il saurait si je faisais un pas de travers. Je baignais littéralement dans cette éducation, à coup de réunions, de lectures, et d'heures de prédication, chaque jour, chaque soir. A cela s'ajoutaient les prières avant chaque repas, les études de la Bible à la maison, une fois par semaine. Les gens que je fréquentais à l'extérieur étaient principalement des membres de la secte.

Aujourd'hui, je garde bien sûr beaucoup de regrets et de frustrations de l'éducation que j'ai reçue durant mon enfance, mais fort heureusement, je suis parvenue à en retirer certains bénéfices, sur lesquels je reviendrai plus tard.

A noter que je suis convaincue de la bienveillance des membres de la secte, qui, comme moi à l'époque, vivent leur foi de façon honnête. Les manipulateurs sont évidemment placés bien plus haut, dans l'entreprise qu'ils ont construite, et qui vit avec les dons de ses disciples.

L'ébauche ratée d'une reconstruction familiale

Revenons à l'époque où ma mère intègre ce mouvement. J'ai donc cinq ans, ma sœur en a dix, et mon frère quinze. Ma sœur et moi ne manifestons aucun signe de résistance, et intégrons docilement les préceptes de la communauté. Il n'en va pas de même pour mon frère. Souvenez-vous, c'est un rebelle. Son style vestimentaire en témoigne. Son caractère aussi. Ma mère a du mal à lui faire intégrer le mouvement. Et en effet, ce n'est pas d'une évidence absolue. Tous les membres de la communauté se présentent, lors des réunions hebdomadaires, en tenue du dimanche : costume pour les hommes, jupe ou robe pour les femmes. Le look de mon frère détonne. Mais la collègue de ma mère lui assure qu'il sera bien accueilli, qu'il peut venir sans crainte. Il obtempère. Il vient à une première réunion. Et en effet, il est bien accueilli. Petit à petit, il se plie au code vestimentaire imposé. Il aura plus de difficultés que nous à suivre les règles, mais il vient malgré tout, même s'il le fait plus ou moins en dilettante.

De son côté, ma mère trouve un appui dont elle n'a jamais bénéficié auparavant. Les gens sont avenants, s'intéressent à elle, et lui apportent leur aide si nécessaire. Elle fonce tête baissée et s'investit dans la vie du mouvement.

La secte prônent également la vie de famille telle que Dieu l'a à priori prévue, c'est-à-dire un père, une mère et leurs enfants. Le fait que ma mère soit divorcée n'est pas idéal. Petit à petit, elle va développer l'idée selon laquelle un remariage avec mon père serait envisageable. Malgré un séjour en prison, et d'autres affaires dont j'ai peu connaissance, ma mère est prête à lui donner une seconde chance.

Quelle aubaine pour mon père ! Il va bénéficier d'une aide gratuite, pour se sortir des ennuis dans lesquels il s'est embourbé. Cela lui permettra de rebondir, pour pouvoir mieux perpétrer ses larcins plus tard.

Je fus en effet estomaquée de constater le nombre incalculable d'escroqueries réalisées par mon père. Au décès de ma mère, je tombais sur une sacoche, remplie des dossiers concernant toutes ses incartades. Force est de constater qu'il n'a jamais réussi à faire quelque chose sans escroquer les personnes avec lesquelles il travaillait. Un nombre impressionnant d'affaires en tous genres remplissaient cette sacoche.

Je me suis longtemps questionnée sur ce que cela impliquait pour moi, d'être la fille d'un escroc. Il est assez troublant de se définir de la sorte, « *la fille de* ». C'était un peu comme si je portais le mal en moi. Son sang coule dans mes veines… et donc, suis-je bien la personne honnête et sincère que je pense être ? Et pourtant, je connais peu de gens aussi honnêtes que moi. Après bien des années, j'ai réalisé que moi seule pouvais définir qui j'étais, peu importe qui sont mes géniteurs ou mes ancêtres. Mes actions et mes pensées font de moi qui je suis. C'est un message que je souhaite porter haut et fort : peu importe si vous êtes la fille ou le fils du pire meurtrier ou escroc de la planète, si vous voulez être quelqu'un de bien, alors, vous le pouvez.

Ainsi, alors qu'ils avaient divorcé depuis peu, mes parents se remettent ensemble et, comme le veut la règle dans la secte, ils se marient, les relations hors du cadre du mariage n'étant pas autorisées. J'ai maintenant six ans, mon père est revenu à la maison, le nid se reconstruit. Je suis sereine, tout devrait aller pour le mieux. C'est ce que je crois.

Grâce à l'un des membres de la congrégation, mon père retrouve du travail. Il est livreur pour un pressing. En apparence, il mène une vie normale. Mais au fond, il ne peut s'empêcher de dresser des plans et imaginer des magouilles. Il tisse sa toile, lentement, discrètement, en silence.

C'est ainsi qu'environ un an plus tard, j'entends pour la première fois mes parents se disputer violemment. Je suis dans ma chambre, ils sont dans la cuisine. Le ton monte, je ne comprends pas ce qu'il se passe, mais je sens que ce n'est pas bon. Je suis inquiète, mais je n'ose pas sortir de ma chambre. Je n'ai jamais entendu mes parents se disputer auparavant. Si cela arrive, c'est qu'il doit y avoir quelque chose de grave ou d'important. Alors je sens monter en moi cette alarme qui m'indique qu'il y a danger, doucement d'abord, puis de plus en plus fort. Mais je reste interdite et ne sais quoi faire, alors j'attends que l'orage passe. Qui sait ? Après la pluie, vient le beau temps… Avec un peu de chance, la dispute est peut-être moins grave qu'elle n'y paraît.

En fait, ma mère vient de découvrir une énième arnaque montée par mon père, et pas des moindres. Il a souscrit un crédit de cinquante mille francs. Mais il ne l'a pas fait en son nom uniquement. Il a ajouté ma mère comme co-emprunteur, et a signé à sa place à la banque, prétextant qu'elle était alitée, et ne pouvait se déplacer. Au passage, il s'agit d'une grosse faute de la part de la banque, qui aurait dû exiger la présence de ma mère pour la signature du prêt. Mais mon père était un manipulateur, suffisamment brillant pour convaincre tout un auditoire. Il avait réussi son coup.

Tout s'écroule donc à nouveau. Le rêve d'un doux renouveau s'en va. Ma mère ne s'était pas méfiée. Elle avait laissé mon père gérer les comptes. Elle m'a souvent répété que c'était un homme intelligent. Et je pense qu'elle s'imaginait qu'il serait plus doué qu'elle pour gérer l'argent du foyer. Elle lui avait donc fait confiance. Puis un jour, elle avait ouvert le courrier de la banque qui contenait le relevé de compte mensuel. Et elle avait compris.

Aujourd'hui, je me dis qu'il s'agit peut-être d'un acte manqué de la part de ma mère. Après toutes les affaires d'argent dans lesquelles mon père avait trempé, elle lui avait fait confiance. Ne pouvait-elle pas se douter qu'il allait chercher à en profiter ? Avait-elle réellement l'envie de reconstruire sa vie avec cet homme ? Cherchait-elle à souffrir à nouveau pour mieux se faire plaindre ?

Ou voulait-elle se prouver qu'elle n'avait pas droit au bonheur ?

Très vite, ma mère met mon père à la porte de notre maison. Je m'en souviens comme si c'était hier. Je suis dans le salon. Mon frère est assis dans l'un des fauteuils. Je ne sais pas où est ma sœur. Peut-être est-elle présente ? Ma mère est énervée contre mon père, et elle lui jette presque ses affaires à la figure. Alors que je m'approche, elle me dit, pour éviter que je n'assiste à la scène, « *Va faire un câlin à ton frère* ». J'obéis et monte sur les genoux de mon frère, mais je suis mal à l'aise. Nous ne sommes pas démonstratifs en termes d'affectation entre frère et sœurs. Jamais nous n'avons de geste ou de mot attentionné l'un envers l'autre. Je n'ai jamais fait de câlin à mon frère. Cela ne me semble donc pas naturel. Mais j'obéis, car je sens que ce n'est pas le moment de poser des questions. Je suis fébrile, je sens que tout est en train de s'effondrer, comme un château de cartes, construit sur des sables mouvants. Cette histoire était bancale dès le début, et elle s'enfonce maintenant à jamais dans les abîmes de l'oubli.

Naïvement, alors que mon père vient de partir, je demande à ma mère s'il a emporté sa petite peluche en forme de lapin. En effet, lorsque mes parents se sont remariés, ma mère nous a acheté à chacun, mon père y compris, une petite peluche en forme de lapin, avec l'inscription *"Je t'aime"*. Chaque lapin avait une couleur différente, et nous avions pu choisir notre couleur préférée. Je me demandais si mon père avait emporté sa peluche. J'aurais aimé pouvoir la récupérer, comme si le fait de l'avoir avec moi me permettrait de conserver un morceau de lui. Mais il l'avait emmenée. Au fond, peut-être était-il un peu sentimental...

Donc voilà, ma mère vient de mettre mon père à la porte, et je ne comprends absolument rien à ce qui se passe. Hier encore, ma famille était réunie ; aujourd'hui, mon père est à nouveau absent. Peut-être est-ce temporaire ? J'aime à le penser. Mais très vite, j'ai la confirmation que ce que je pense être temporaire va durer. Ma mère me l'annonce un soir.

Je suis dans mon école primaire. A l'époque, ma mère est prise de cours quant à ma garde après l'école. Mon frère et ma sœur n'ont pas toujours des horaires compatibles avec les miens pour me garder à la maison après l'école. Elle obtient donc l'autorisation de me garder avec elle le soir, de temps à autres, pendant qu'elle fait le ménage dans les classes. Personnellement, je m'y plais. Une fois que j'ai terminé mes devoirs, je m'amuse beaucoup. C'est un terrain de jeu formidable pour une petite fille de sept ans ! Il y a des livres partout, des tableaux noirs... Il ne m'en faut pas plus. Je m'imagine en train de faire classe à mes petits camarades, je joue à la maîtresse. Je brise les liens qui m'empêchent d'être moi-même dans la journée, puisqu'il n'y a personne pour me regarder ni me juger.

Mais ce soir-là, ma mère me fait venir dans la classe qu'elle termine de nettoyer. C'est la classe qui se trouve tout au bout du couloir. Elle porte son tablier de femme de ménage, rayé bleu et blanc, qu'elle déteste tant. Elle transpire l'appréhension. Elle prend des pincettes pour m'expliquer que mon père et elle vont à nouveau divorcer. Puis elle me prend dans ses bras. Je ne sais pas pourquoi, mais je ne réalise pas tellement. Je ne comprends qu'à moitié ce qu'elle me raconte. J'ai l'impression que je suis censée pleurer, que c'est ce qu'elle attend de moi. Alors je pleure un peu. Mais en réalité, je n'ai pas bien compris. Ou peut-être que je ne veux pas comprendre. Tout est confus dans mon esprit, je ne sais pas trop ce qu'il est en train de se passer, mais je pressens que c'est grave. Nous rentrons à la maison le cœur lourd.

Je suis en fin d'année scolaire, et je ferai bientôt ma rentrée en CE2. Je continue à être bonne élève, je m'applique. J'ai la chance d'avoir, lors de cette année d'école, la meilleure des institutrices. Elle est douce et attentionnée. Je suis à l'aise auprès d'elle. Je sens que je peux être sereine à ses côtés.

A la maison, la vie continue, ponctuée par les réunions de la secte, la prédication. Je suis aussi très amie avec la fille de la collègue de ma mère, celle qui nous a fait entrer dans la communauté. J'ai le même âge qu'elle, et nous allons dans la même école. Je passe du temps chez elle. J'apprends à faire du vélo en utilisant le sien. Je découvre le bonheur de vivre dans une maison, et non pas dans une cité bétonnée. Ses parents sont adorables. Il m'arrive d'y passer le week-end.

Bref, la vie se poursuit… et nous réserve encore bien des surprises. Sans le savoir, je m'apprête à vivre l'un des plus grands drames de ma vie.

L'abandon

Après que ma mère ait mis mon père à la porte, il repart vivre chez ses parents. Je n'ai quasiment pas connu mes grands-parents paternels. En fait, je les ai autant connus que mon père, c'est-à-dire très peu. Je conserve une certaine frustration de n'avoir pas eu la chance d'avoir de véritables grands-parents, avec lesquels j'aurais pu passer du bon temps, échanger, apprendre, me faire chouchouter.

Ils habitaient à la campagne. Mon grand-père avait été mineur de fond. Ma grand-mère avait été femme au foyer. Ma mère me disait que mon grand-père était un homme bon, assez réservé, et soumis à sa femme. Quant à ma grand-mère, selon les dires de ma mère, c'était une méchante personne, critique et paresseuse, que ma mère accusait de faire de la magie noire.

Je n'ai jamais vraiment su d'où venait cette accusation. Ma grand-mère avait-elle un don pour tirer les cartes, ou prédire l'avenir ?... Je ne sais pas exactement. Je doute fort qu'elle ait pu s'adonner à la magie noire, mais je ne le saurai jamais. Ma mère et elle ne s'entendaient pas du tout. Elles se détestaient cordialement.

Quoi qu'il en soit, ces accusations de magie noire me valurent de devoir jeter un cadeau que mon père m'avait fait à cette époque. En effet, lors d'une de ses visites, il m'avait offert une jolie montre. Elle était d'un bleu clair que je trouvais très joli. Cette montre était pour moi magnifique. J'avais sept ans, c'était ma première montre. Je savais à peine lire l'heure, mais j'étais extrêmement flattée par ce cadeau. Le fait que ce fut un présent de mon père le rendait encore plus extraordinaire. Ce cadeau me donnait la preuve que j'existais malgré tout dans ses yeux.

Mais mon bonheur fut brutalement stoppé, puisque ma mère me demanda de jeter la montre. Elle soupçonnait sa belle-mère de l'avoir ensorcelée en faisant de la magie noire. Elle avait peur que cette montre nous porte la poisse. Ce fut un crève-cœur, mais en enfant soumise et obéissante que j'étais, je mis la montre à la poubelle. Même aujourd'hui, cela me fait mal d'y repenser.

Quelques mois passent. Mon père vit toujours chez ses parents. Et un jour, ma grand-mère appelle ma mère, totalement paniquée. Je suis près d'elle lorsqu'elle décroche le téléphone. Je ne le sais pas encore, mais mon père a disparu. Il n'est pas à son travail, il n'est nulle part. L'angoisse monte. Que lui est-il arrivé ? Ma mère invite sa belle-mère à inspecter ses placards... A-t-il pris ses affaires ?...

Elle a vu juste, il a tout emporté. Il a fait ses valises, et s'est volatilisé. Evidemment, il a fait cela dans les règles de l'art... enfin, selon ses propres règles. Il a soigneusement pris l'argent que contenait la caisse du pressing dans lequel il travaillait avant de disparaître. Sans compter le crédit de cinquante mille francs que ma mère va devoir rembourser seule, maintenant que mon père a disparu dans la nature.

Mon père est donc parti, et personne ne sait où il est. Je suis totalement perdue. C'est encore pire qu'avant. Voilà que mon père nous a abandonnés. Non pas qu'il fût un bon père, mais voilà, je suis sa fille. Je pense que je mérite un peu de son attention. S'il s'en va, c'est qu'il se désintéresse de moi, de nous. L'extrême timidité qui m'habite alors est renforcée par ce sentiment de dévalorisation. Ai-je si peu de valeur que même mon père me tourne le dos ?

Evidemment, je vis cela avec mon regard d'enfant. Aujourd'hui, mon regard d'adulte me raconte bien autre chose. Je pense qu'il s'était pris au piège lui-même dans ses magouilles, et qu'au lieu de chercher à les résoudre, il avait pensé que le mieux était de partir.

Environ vingt-cinq ans plus tard, et alors que je n'avais toujours pas revu mon père, ma mère reprit contact avec la tante de celui-ci, avec qui elle s'entendait bien à l'époque. Je l'accompagnais dans ces retrouvailles, et cette tante me confia que mon père avait toujours la photo de ses trois enfants dans son salon. Elle refusa de nous dire où il était, mais je fus touchée de savoir qu'il pensait toujours à nous.

A l'époque, je suis particulièrement affectée par cette disparition. Alors première de la classe, mes résultats sont en chute libre. Je ne le fais pas exprès, mais mon esprit est ailleurs, je rêvasse. Je termine le trimestre cinquième de la classe, alors que j'ai quasiment toujours été en tête de classement. Je me souviens encore de l'un de mes camarades de classe qui fanfaronnait gentiment car il avait enfin réussi à se positionner devant moi. Et il est vrai que j'étais moi-même surprise de mes résultats.

Mon institutrice convoque ma mère, car elle sent que quelque chose ne va pas. Je suis à nouveau gênée pour ma mère de cet embêtement. Je sais qu'elle a d'autres problèmes à régler. Mais je ne l'ai pas fait exprès. J'espère qu'elle comprendra. Evidemment, ma mère sait ce qui est à l'origine de mon décrochage. Elle présente la situation à mon institutrice, qui fait preuve de compréhension.

Les semaines passent, je fais des efforts, et je parviens à retrouver mon niveau scolaire habituel. Mais une certaine peur m'habite. En effet, ma mère craint que mon père ne cherche à nous enlever. Travaillant dans une école primaire en tant que femme de ménage, son job l'oblige à travailler tôt le matin et tard le soir, ainsi que le samedi matin. Par conséquent, mon frère, ma sœur et moi sommes souvent seuls à la maison. J'entends ma mère faire part de son inquiétude à ce sujet. Non pas que nous ne sachions pas nous débrouiller seuls, mais elle redoute que mon père ne vienne pour nous enlever. Elle a fait changer les serrures, mais la crainte perdure. Elle me répète souvent cette phrase : « *Si quelqu'un sonne à la porte et que je ne suis pas là, même si c'est ton père, ou quelqu'un que tu connais, tu n'ouvres pas la porte !* ». Le message est bien reçu. A tel point que dès que quelqu'un sonne à la porte à l'improviste, j'ai le cœur qui bat à mille à l'heure. Mais quoi qu'il arrive, je respecte la consigne. Le conditionnement fût tel que j'ai encore aujourd'hui un réflexe de peur quand quelqu'un vient sonner chez moi, de façon impromptue. Mon cœur s'emballe sans que je parvienne à me contrôler et je redoute d'aller ouvrir la porte.

Régulièrement, nous recevons des cartes postales de mon père. Elles sont estampillées du Lot et Garonne. C'est un indice important, car ma tante, la sœur de mon père, vit dans cette région. C'est donc elle qui l'héberge certainement ! Chaque nouvelle carte est pour moi source de joie. Je lis et relis les quelques lignes écrites par mon père. Sur chaque carte postale, un joli paysage est imprimé, qui fait naître en moi des envies d'ailleurs. Je l'envie. Il est parti vivre dans une région qui semble être magnifique. Et tandis que les tours géantes de ma cité m'entourent, je me dis que, peut-être un jour, moi aussi, j'irai visiter le Lot et Garonne.

La situation est donc bancale. Mon père n'est plus là, mais nous nous doutons de l'endroit où il se trouve. Il nous envoie des cartes postales, comme pour nous rassurer, et certainement pour prouver à ses enfants qu'il ne les oublie pas.

De mon côté, je tombe sans cesse malade. Je crois que notre médecin traitant de l'époque a pu s'acheter une villa grâce à nous ! Et rapidement, je tombe très malade. J'enchaîne les bronchites, je fais de l'asthme, de la fièvre, je suis alitée. Le médecin tente plusieurs traitements, mais ils sont inefficaces. Il passe à l'étape supérieure, et me prescrit un traitement par injection. J'ai droit à de belles piqûres dans les fesses matin et soir. Pour que ma mère puisse malgré tout aller travailler, l'une de ses amies de la secte, qui travaille de nuit, vient me garder la journée.

Mais cela ne s'arrange pas. Déjà un mois et demi que je ne vais plus à l'école. Je suis fatiguée et je passe les journées dans mon lit. Le temps s'écoule doucement...

Je ne me rends pas vraiment compte de la gravité de la situation. Je tombe souvent malade, donc une fois de plus ou une fois de moins, cela ne change pas grand-chose pour moi, même s'il est vrai que, cette fois-ci, c'est un peu plus long que d'habitude.

De son côté, ma mère est inquiète, et elle finit par faire du lien entre ma mystérieuse maladie et la disparition de mon père. Et si tout cela était lié ? Ne faudrait-il pas plutôt traiter la cause psychologique plutôt que physique ? Elle en parle à notre médecin traitant. Il lui rit au nez. Heureusement, elle est convaincue de son hypothèse, et m'emmène voir un homéopathe. Celui-ci discute avec moi. Puis il confirme à ma mère son diagnostic. Il me donne un traitement en ce sens. Une semaine plus tard, je suis sur pieds ! C'est le soulagement pour tout le monde.

On minimise souvent les effets de nos pensées sur notre corps. Qui ne s'est jamais retrouvé coincé du dos, alors qu'il en avait « plein le dos » dans son quotidien, que ce soit au travail, ou dans sa vie personnelle ? Qui n'a jamais été aphone, alors qu'il éprouvait des difficultés à dire haut et fort des choses qui lui tenaient à cœur ? Il semblerait que, parfois, nous ne soyons pas malades par hasard. Le corps parle et il faut savoir l'écouter.

Je me remets donc doucement de tout cela, puis quelques mois plus tard, un appel téléphonique. C'est samedi soir. Nous sommes tous réunis devant l'émission Sacrée soirée, présentée par Jean-Pierre Foucault. J'ai huit ans, j'adore cette émission. Je suis assise par terre, comme les enfants de cet âge aiment le faire, et je ne prête pas vraiment attention à ma mère qui discute au téléphone dans l'entrée. Mon père est au bout du fil. Il demande à nous parler à tour de rôle. D'abord mon frère, puis ma sœur, puis moi. Je me lève à contre cœur, car étrangement, je suis plus attirée par l'émission que par le fait d'aller parler à mon père.

Ma mère est derrière moi tandis que je tiens le combiné. Elle me chuchote d'insister sur le fait que nous allons partir en vacances. En effet, c'est un événement... cet été, nous partons un mois en vacances ! Je ne me souviens pas être partie depuis des années. Mais nous avons de la chance, car cet été-là, un gentil bienfaiteur nous laisse disposer de son appartement en bord de mer, non loin du Touquet, pour une somme modique.

Je raconte donc à mon père que nous allons partir en vacances à la mer. Ma mère jubile, elle le nargue. Elle veut lui montrer que, malgré son départ, nous nous en sortons bien. Je lui dis un dernier au revoir et retourne regarder mon émission. Je ne sais pas encore qu'il s'agira des derniers mots échangés avec mon père.

Suite à cet appel téléphonique, il ne nous enverra plus jamais de carte postale, et nous ne saurons jamais vraiment quelle fût sa vie par la

suite. Je grandis donc avec ce manque d'un père,
avec ce sentiment de rejet et d'abandon. Ma mère
n'a de cesse de critiquer les hommes et elle me dit
de m'en méfier. Je note tout cela pour plus tard,
convaincue maintenant que tous les hommes sont
des arnaqueurs et indignes de confiance. Et je
mettrai beaucoup de temps à me défaire de cette
idée.

Une ambiance familiale lourde et destructrice

L'ambiance est lourde à la maison, comme si une chape de plomb recouvrait tout sur son passage. Ma mère tombe de plus en plus dans la dépression. Elle prend tout un tas de médicaments bien connus. Elle n'arrive plus à dormir sans son somnifère... ou plutôt, devrais-je dire SES somnifères... Un seul comprimé ne lui suffit plus. Le médecin augmente un peu la dose. Puis elle le fait elle-même. Parfois, elle en prend jusqu'à trois en même temps. Dans ces moments-là, les médicaments lui montent à la tête, et elle semble ne plus être elle-même. Je la retrouve à minuit, assise par terre, près de la table basse dans le salon, buvant un bol de soupe et tenant un discours incohérent. Je suis troublée, je ne comprends pas trop, j'ai presque peur. Le spectacle est navrant. Je réponds vaguement à ce qu'elle me dit, et je retourne me coucher, essayant d'oublier ce que j'ai vu.

Ma mère est souvent en arrêt maladie. Elle commence à cumuler des problèmes de dos. La rudesse de son travail n'arrange pas les choses.

Finalement, les temps de réunion au sein de la secte constituent pour moi une bouffée d'oxygène. J'y retrouve des amis, une ambiance conviviale et chaleureuse. C'est un peu une parenthèse dans la noirceur de mon monde.

De son côté, mon frère entame des études supérieures. Il a trouvé un établissement qui accepte de l'accueillir en BTS, mais il se trouve loin de la maison, près de Douai. Percevant pour la première fois une certaine motivation chez mon frère, ma mère accède à sa demande. Mais cela inclut de payer le prix d'un hébergement. Quelques démarches permettent de lui trouver une chambre en location chez une personne âgée.

Il est donc absent la semaine, et revient chez nous le week-end. Loin du cocon familial, il retrouve la liberté qu'il a perdue il y a quelques années à cause de la secte. Il reprend ses aises, et la cohabitation à la maison le week-end est difficile. Il s'éloigne peu à peu des préceptes imposés par la communauté, c'est-à-dire qu'il fait ce que font les jeunes (et moins jeunes) : il sort, voit des amis, et fait la fête. De mon côté, mon jeune âge m'empêche de comprendre tous les enjeux, mais je sens bien que le torchon brûle entre ma mère et mon frère.

Deux ans plus tard, lorsqu'il est diplômé, ma mère lui lance un ultimatum : soit il réintègre la communauté, soit elle le met dehors.

Il choisira de partir. Par chance, mon oncle et ma tante sont à l'époque propriétaires d'une cordonnerie dans le Vieux Lille, et louent les studios qui se trouvent au-dessus de la boutique. Le confort est précaire, les sanitaires sont communs, mais qu'importe, mon frère est logé, et ne se retrouve pas à la rue. Même si ses moyens sont maigres, qu'il n'a plus ni père, ni mère, il a retrouvé sa liberté. A lui de tout reconstruire.

De mon côté, je fais bientôt mon entrée au collège. Je garde un souvenir mitigé de ces années. Toujours mal à l'aise dans mon corps, je suis la cible de moqueries. Néanmoins, j'ai la chance de m'être fait une très bonne amie dès mon entrée en sixième. Nous passons beaucoup de temps ensemble, ce qui me permet d'égayer mon quotidien. Je maintiens mon niveau scolaire, tout se passe bien de ce côté.

Mais deux ans plus tard, les ennuis de santé de ma mère redoublent. J'ai treize ans. Elle se réveille un beau matin complètement paralysée d'un côté du corps. Apparemment, l'oxygénation des globules blancs ne s'est pas faite correctement dans son corps durant la nuit. Elle est hospitalisée pour subir une batterie d'examens. Mon ciel s'assombrit encore un peu.

De longues séances de rééducation lui permettront de retrouver intégralement l'usage de son corps en quelques mois. Mais durant cette période de convalescence, la dépression s'accentue. Elle passe le plus clair de son temps dans sa chambre, allongée dans son lit. Ma sœur et moi ne la voyons quasiment plus. Elle se lève la nuit pour manger, pour éviter d'avoir à nous croiser. Un jour, même, mon frère, pris d'un bon sentiment, vient la visiter. Elle refusera de le voir.

Les mois sont longs, l'atmosphère à la maison est pesante. Je traîne les pieds quand je rentre du collège. Je suis mal car je sais que ma mère est malade. Je me fais la plus discrète possible, à la fois pour ne pas me faire remarquer, et aussi car les échanges avec ma mère sont difficiles. J'ai l'impression de marcher sur des œufs quand je lui adresse la parole. Le moindre mot de travers peut la faire fondre en larmes ou la mettre hors d'elle-même.

C'est à cet âge que j'acquiers la capacité de m'occuper d'une maison. Au-delà des tâches ménagères que je maîtrise déjà, j'apprends à faire les lessives, repasser le linge, laver les sols. Ma sœur et moi gérons tout. Ma mère lui a donné procuration sur son compte bancaire. Nous avons donc de l'argent pour aller faire les courses. Mais notre situation financière est difficile et nous manquons d'argent. C'est alors que ma mère me demande, alors que je n'ai que quatorze ans, de me rendre à l'une des permanences organisées par le Maire de notre ville, afin de demander une aide financière.

Je suis littéralement morte de peur. Je ne veux pas y aller. Mais elle me dit que je n'ai pas le choix. Le jour prévu, je me rends au rendez-vous et j'obtiens facilement gain de cause. En même temps, je réalise aujourd'hui qu'il est difficile de dire non à une adolescente de quatorze ans qui vient demander de l'aide pour sa famille. Mais je trouve que faire peser une telle responsabilité sur son enfant est injuste. Les problèmes des adultes ne devraient pas être portés par leurs enfants.

Alors voilà, la vie continue, et ma sœur et moi faisons ce que nous pouvons. Et aujourd'hui, je peux affirmer que nous nous en sommes brillamment sorties ! Je suis fière du duo que nous avons formé. Sans ma sœur, je me serai sûrement égarée à cette époque. C'en était trop pour une jeune adolescente. Être à deux constituait notre force.

D'autant qu'en plus de la dépression, ma mère enchaîne les crises d'angoisse. Celles-ci arrivent souvent en début de nuit. Je ne compte plus le nombre de fois où ma sœur a dû appeler SOS Médecins. Je suis moi-même angoissée chaque fois que cela survient. Je ne supporte pas de voir ma mère dans cet état. Je me fais discrète, je ne sais pas ce que je peux faire de plus. Tout cela me met en même temps très mal à l'aise.

Lors d'une de ces crises spectaculaires, ma mère nous fait ses adieux. Elle est allongée sur le canapé, elle peine à respirer. Elle croit qu'elle va mourir. Dans un sanglot, elle nous dit adieu.

Je suis partagée entre inquiétude, abattement et colère. J'ai l'intuition que ma mère ne va pas mourir, et qu'elle en rajoute, comme à chaque fois. Ma sœur appelle SOS Médecins, et m'envoie promener le chien. Elle cherche à me protéger de ce spectacle insupportable. Je ne me fais pas prier, et je sors. Ma mère me le reprochera plus tard.

Hormis les moments passés avec les membres de la secte, et auprès de mon amie du collège, je me réfugie dans la musique. Je peux passer des heures à écouter mes cassettes préférées dans ma chambre. Je m'imagine épouser l'homme qui prendrait sa guitare pour me chanter *« L'autre Finistère »*, des Innocents ou bien encore, je rêve d'aller à *« Bang bang... Sécher au vent... mon cœur humide de ces rêves qui fondent... M'échouer à Bang bang... Trouver le temps... D'attendre un guide qui n'est pas de ce monde... Qui sait ?[3] »*...

Allongée sur le lit de ma chambre, je jette au loin les images des immeubles qui m'entourent, pour fixer uniquement le ciel et ses oiseaux, qui m'entraînent vers un autre voyage, celui de la liberté. Je suis une rêveuse et une romantique. J'aime les films qui font pleurer et qui se terminent bien. Le mien devrait bien se finir, du moins, je l'espère. J'ai en tête la thèse de la secte qui dit que Dieu va intervenir pour transformer la terre en paradis, et je suis impatiente qu'il le fasse. Chaque jour, je prie pour qu'il aille plus vite dans son œuvre et que pour tout devienne enfin paisible et harmonieux. Dans cette vie présente, j'ai peur en permanence, de tout. Et je pleure beaucoup… je rêve souvent que ma vie s'arrête pour me libérer de cette pesanteur insupportable.

---

[3] Les Innocents, Album "Fous à lier", janvier 1991

Un début de liberté… suivi d'un nouveau drame

Les années passent. Je termine ma scolarité au collège et fait mon entrée au lycée. L'état de santé de ma mère fluctue. Il s'améliore pendant plusieurs mois, avant de se dégrader à nouveau.

Et alors que j'ai environ dix-sept ans, ma mère enchaîne à nouveau les problèmes de santé plus lourds. Cette fois-ci, c'est son bras qui fait des siennes. Suite à une mauvaise chute, elle se retrouve avec un important handicap au niveau du bras et de l'épaule, qui l'empêche quasiment de s'en servir, et qui la fait souffrir terriblement. Elle commence la rééducation, elle subit des examens médicaux dans tous les sens, elle prend des traitements de toutes sortes, mais rien ne la soulage. Un nouveau mur de silence s'érige à la maison, fait de douleurs et de tristesse.

Hasard des choses, l'un de ses frères vient également de faire une chute, qui a eu exactement la même conséquence sur un plan médical : capsulite rétractile et algodystrophie. Tous les deux vivent évidemment très mal cette maladie, qui les fait souffrir, et les handicape dans leur vie de tous les jours. La douleur est quotidienne, les médicaments ne parviennent pas à les soulager.

Ils finissent par fréquenter la même clinique de jour. Les liens se recréent. En effet, cela fait des années que nous n'avons plus vraiment de contact avec la famille de ma mère, de par notre endoctrinement dans la secte. Il est donc peu habituel que je voie mes oncles, mes tantes, mes cousins et cousines. Je ne peux pas dire que cela ait été un manque à l'époque, puisqu'on ne peut pas être en manque de quelque chose que l'on ne connaît pas. Néanmoins, c'est l'un de mes regrets à ce jour. Nous avions une grande famille. Nous aurions pu trouver de la force auprès d'eux. Ce ne fut pas le cas.

Ces soins en clinique de jour obligent ma mère à sortir et à fréquenter d'autres personnes, ceux que la secte appelle « les gens du monde ». Et puis tout va très vite. Peu de temps après, elle se rend compte que nous avons été embrigadés. Elle nous le fait savoir, et manifeste son souhait de sortir de la secte.

Je ne sais pas à quel moment elle eut le déclic. Je réalise aujourd'hui que les conversations avec mon oncle peuvent avoir entraîné une prise de conscience.

Mais qu'importe, sur le moment, je suis choquée. Si ma mère n'est plus adepte de cette secte, elle va être tuée quand Dieu va intervenir pour transformer la terre en paradis. Je lui en veux et je refuse de la suivre dans sa décision. J'ai aussi peur pour elle. Je crains qu'elle n'ait fait le mauvais choix.

Heureusement, cela ne va pas durer longtemps. Même si je ne suis pas sûre de prendre la bonne décision, je réalise que si elle nous a fait entrer dans ce mouvement, elle doit sûrement avoir raison de nous en faire sortir. Et il faut bien l'avouer, j'étouffe de toutes ces règles quotidiennes, ces réunions, ces heures de prédication, ces prières... Cela fait des années que je suffoque, que je traîne des chaînes, que je me contrains à suivre des règles qui ne me conviennent pas. Je lui parle de mon souhait de me retirer également de la communauté, et elle acquiesce. Elle me dit que c'est terminé, que je ne suis plus obligée de faire tout ça. Ma sœur suit rapidement le même chemin que nous.

Afin d'officialiser ma décision, j'écris une lettre, adressée aux anciens de la congrégation, leur faisant part de mon choix de me « *retirer* », puisque c'est le terme qu'ils utilisent. J'insiste également sur le fait que je souhaite ne recevoir aucune visite de leur part. En effet, la procédure habituelle pour ce genre de cas prévoit la visite des anciens au domicile de celui qui souhaite se retirer de la secte. Mais ma décision est prise, je ne reviendrai pas en arrière. Par chance, ils respecteront mon souhait.

Je me revois encore très exactement traverser le parking de ma résidence, ma lettre à la main, pour aller la poster dans la boîte aux lettres se trouvant un peu plus loin. Pour la première fois de ma vie, je fus prise d'un sentiment de liberté infinie, tel que je ne l'avais encore jamais connu. J'étais LIBRE ! Ce jour-là, je pense que j'ai enlevé le premier chaînon qui m'empêchait d'accéder au bonheur. Il faudrait que je travaille encore beaucoup pour me libérer des autres, mais c'était un premier pas.

Seulement voilà… Que faire de toute cette liberté quand on en n'a jamais eu ? Le sentiment d'euphorie retombe. Je suis désorientée. J'ai aussi l'amère impression d'avoir perdu un temps considérable. J'ai donné treize ans de ma vie pour une secte. J'ai grandi avec des dizaines de personnes que je considérais comme ma famille. Non seulement, je ne peux plus les voir, mais quand bien même je le pourrais, ils n'auraient pas le droit d'échanger avec moi. Je me suis construite sur un énorme mensonge. Tout ce sur quoi je me suis basée pour exister est faux. Ce que cette secte appelle « la Vérité » n'est qu'un instrument de manipulation pour extorquer de l'argent à d'honnêtes gens, et en faire vivre d'autres moins scrupuleux. Mais alors, si cette vérité n'est pas là, y en a-t-il une autre, ailleurs, qui soit valable ? Comment la trouver ? Comment pourrais-je croire à nouveau à quoi que ce soit ?

Toutes ces interrogations se bousculent dans ma tête, tandis que je fais ma rentrée en première année de BTS Assistant(e) de direction. J'y retrouve quelques camarades avec lesquelles j'ai passé mon année de Terminale. L'une d'elle me dit qu'elle me trouve « changée », que je suis plus ouverte qu'avant. Elle s'en étonne, positivement. Elle n'imagine pas ce que je viens de vivre. Je suis extrêmement touchée par cette remarque. J'ai l'impression d'avoir progresser.

En effet, passer du jour au lendemain d'une attitude méfiante vis-à-vis des « gens du monde », au fait de devenir l'une de ces personnes, ce n'est pas une sinécure. Cela demande un certain sens de l'adaptation, et nécessite de se défaire progressivement de l'armure que l'on s'est construite. Alors quand quelqu'un qui ne connaît pas mon passé me fait ce type de remarque, forcément, cela me touche.

De son côté, ma mère a fait une courte pause dans son traitement en clinique. Elle a pu renouer des liens avec ses sœurs, et est partie quelques jours en vacances chez l'une d'elles qui habite en Bretagne. Je suis contente pour elle. Je suis certaine que cela lui est profitable.

Elle en revient en meilleure forme, et de bonne humeur. Non pas que la dépression soit derrière elle, mais il y a du progrès. Je suis quelque peu soulagée, c'est une petite respiration qui me permet de retrouver un peu de sérénité.

Mais encore une fois, cela ne va pas durer… et pour cause, durant ces dernières semaines, mon oncle, avec qui ma mère suit des soins en clinique de jour, est tombé en dépression. Comble de l'ironie, ma mère le remarque et s'en plaint quelque peu, arguant le fait qu'il ne soit pas de très bonne compagnie. Je trouve cela un peu gonflé de sa part, mais je me garde bien de le lui faire remarquer. Comme je l'évoquais plus haut, ma mère supportait peu la contradiction, et elle n'aurait pas non plus accepté que l'un de ses enfants lui fasse ce type de remarque sur son comportement.

La suite sera tragique. Quelques jours plus tard, alors que nous sommes en train de dîner, le téléphone sonne. Je revois parfaitement la scène. Un morceau de pizza trône dans mon assiette. Nous venons à peine de commencer le repas. Ma mère va décrocher le téléphone, et je l'entends hurler de désespoir : *« Non !!!! Non !!!! Non !!!!! »*. Tandis qu'elle s'avance dans le salon en titubant, le téléphone sans fil à la main, elle murmure dans un sanglot qui se transforme en cri : *« Mais, ils l'ont dépendu ? »*. Sous le coup de l'émotion, elle est sur le point de tomber. Ses jambes ne la portent plus. Ma sœur se précipite pour la retenir, et l'accompagne pour s'asseoir dans un fauteuil.

Mon oncle vient de se suicider. Il s'est pendu dans sa maison. Il n'avait pas supporté que la maladie le handicape à ce point, et le condamne à demander sans cesse de l'aide. D'autres éléments dont je n'ai pas, ou peu, connaissance vinrent s'ajouter à son fardeau.

Ma mère est évidemment très abattue, et elle s'en veut terriblement d'être partie en vacances quelques jours en le laissant seul. Mais c'est ainsi, et on ne peut pas revenir en arrière. Je ne vais pas très bien non plus. J'ai du mal à comprendre son geste. Je pense à ses enfants, mes cousins et cousines qui sont finalement, eux aussi, victimes d'abandon de la part de leur père. Cela me renvoie par ailleurs à la dépression de ma mère, elle qui n'a de cesse de nous répéter que si elle souhaite mourir, c'est simple, elle n'a qu'à avaler une boîte entière de somnifères. C'est comme si une nouvelle menace planait sur ma tête... ma mère pourrait suivre le même chemin. Jusqu'alors, je ne l'avais pas vraiment prise au sérieux, surtout que le suicide était interdit dans la secte dans laquelle nous évoluions jusqu'à présent. Mais maintenant, la voie est ouverte... peut-être va-t-elle décider de suivre le même chemin que son frère.

Même si je connaissais peu mon oncle, les quelques mois passés à ses côtés m'ont permis de découvrir quelqu'un d'intelligent, de très doux, avec un côté paternaliste marqué. Je garde encore en mémoire une anecdote qui s'était déroulée à ses côtés.

L'été durant lequel il suivit ses soins avec ma mère, il était fréquent qu'il mange chez nous. Un jour où j'avais moi-même préparé le repas, je m'excusais de la cuisson de ma tarte aux pommes, et m'empressais de préciser que je n'étais pas sûre qu'elle soit bonne. Il sourit, et m'expliqua que les gens étaient déjà suffisamment durs et critiques, sans que j'aie besoin de m'auto-critiquer comme je le faisais à ce moment-là. Il goûta la tarte, la jugea très bonne, et me fit remarquer qu'il aurait été préférable que je ne dise rien, pour ne pas desservir mon travail. Aujourd'hui encore, ses paroles résonnent parfois en moi, lorsque ma propension à la dévalorisation me reprend.

Inutile de préciser que, dans les mois qui suivirent le décès de mon oncle, la dépression de ma mère revint en force.

Premiers pas dans la vie de jeune adulte

Jamais sans ma sœur... c'est ce que je ressens aujourd'hui. Même s'il existe une distance physique entre nous, nos liens resteront, je l'espère, aussi forts malgré les années qui passent.

A l'époque, celle-ci a terminé ses études, et trouve rapidement un emploi. Elle décide de prendre un studio pour quitter le « nid » familial. Je sais que ce choix est normal et logique, mais je suis quand même très inquiète, et triste aussi évidemment.

Jusqu'à présent, ma sœur a toujours été là quand ma mère avait un problème. Moi, je jouais en quelque sorte le rôle de l'assistante de ma sœur. Comment vais-je me débrouiller si elle n'est plus là ? Comment vais-je assumer ce nouveau rôle que je n'ai pas envie d'endosser ? Je dois maintenant m'occuper seule de ma mère, même si je sais que ma sœur n'est pas loin, et qu'elle me le fait savoir. Par ailleurs, ma sœur a toujours été présente quand j'avais besoin d'aide pour réaliser des démarches administratives, ou pour m'accompagner à une épreuve du bac quand je me sentais perdue. Vais-je réussir à m'en sortir toute seule ?

Pour me soulager de mon quotidien, je prends l'habitude de noter mes ressentis et mes expériences dans un journal intime que ma mère m'a ramené de son séjour en Bretagne. Il ferme avec un cadenas, je peux donc déverser sans crainte la déferlante d'émotions qui se bousculent en moi chaque jour, et qui tantôt me paralysent, tantôt m'exaltent ou m'anéantissent. Je ne me censure pas, et je me rends compte que cela me fait du bien.

Grâce à cet « exercice », je prends aussi conscience du chemin parcouru jour après jour. Par exemple, j'observe les progrès que je fais pour m'insérer dans le monde de l'entreprise. Je commence l'écriture de ce carnet à mon entrée en première année de BTS. Tous les mardis, je suis en stage. Et l'année scolaire se termine par une période en entreprise de six semaines. C'est la première fois que je mets les pieds dans le monde du travail. J'ai dix-huit ans, mais je suis encore extrêmement timide, et j'ai très peu confiance en moi. Je suis complètement terrorisée par la découverte de cet environnement professionnel. Mes fonctions de « stagiaire assistante de direction » m'obligent à être débrouillarde et réactive. Je fais mon maximum, mais j'ai l'impression d'être mal habile.

Finalement, mon bilan de fin de stage me permettra de me rendre compte que l'impression que je donne est bien meilleure que celle que j'imagine. A tel point que l'entreprise émettra le souhait de m'accueillir à nouveau en stage pour ma deuxième année de BTS. Ce constat me rassure, je suis sur la bonne voie pour prendre davantage confiance en moi. A ce moment-là, je ne suis pas sûre de pouvoir assumer pleinement un jour qui je suis, mais pas après pas, je sens que je commence à prendre un peu d'assurance.

Au bout de deux années d'écriture dans mon journal intime, je me rends ainsi compte de la confiance que j'acquiers durement jour après jour, marche après marche, dans un monde qui me semble encore somme toute effrayant, mais que j'essaye d'apprivoiser. Je relis avec tendresse les premières pages de ce carnet, et me félicite de mes progrès.

Quant au monde de l'entreprise, il me deviendra vite familier, puisque ma mère me demande, dès mes dix-huit ans, de mettre la main à la poche pour contribuer aux dépenses du foyer. Ainsi, chaque été, je travaille en intérim, souvent à des postes en secrétariat. Je donne un mois de salaire à ma mère, et je peux conserver le second mois de salaire pour moi. Cela me permettra, petit à petit, de mettre de l'argent de côté pour financer mon permis, puis plus tard, ma première voiture.

A l'âge de vingt ans, à l'issue de mon BTS, ma mère et moi sommes contraintes de changer de logement. En effet, le grand appartement de Type 4 que nous occupons est devenu trop onéreux, puisque la Caisse d'Allocations Familiales stoppe les aides auxquelles ma mère a droit me concernant. Dans la logique, étant encore en études supérieures, mon père devrait lui verser une pension alimentaire. Mais évidemment, ne sachant pas où il se trouve, cela ne risque pas d'arriver. Nous déménageons donc, dans la même résidence, dans un appartement de Type 2, au huitième étage. C'est une page qui se tourne, et je ne sais pas encore si le prochain chapitre va être meilleur.

Dans ce nouvel appartement qui ne comporte qu'une seule chambre, la cohabitation avec ma mère se complique encore davantage. Nous nous marchons dessus. Nous sommes comme un vieux couple qui ne s'entendrait plus. Elle me laisse d'abord occuper la chambre. Puis se plaint de ne pas réussir à dormir dans le salon, nous inversons donc les couchages. Puis elle finit par culpabiliser, et me rend la chambre. Difficile de trouver sa place…

En termes d'études, je fais le choix de poursuivre ma formation à l'université, en Licence Professionnelle. Je ne me sens pas prête à intégrer le monde de l'entreprise. J'ai le sentiment que mes deux stages de six semaines et mes jobs d'été n'ont pas été suffisants pour développer les compétences que je vise. J'ai très peur à l'idée de m'insérer professionnellement. Cette Licence, organisée en alternance, me permettra d'être en entreprise tout au long de l'année, et m'obligera à prendre davantage confiance en moi.

C'est à cette époque que je commence à sortir et à faire la fête. Il était temps ! Je découvre les boîtes de nuit, les bars, et tout ce qui fait l'ambiance des nuits lilloises. J'apprivoise doucement le « concept ». Je reste encore un peu sur la réserve, mais j'apprécie de me défouler de la sorte. Je passe de plus en plus de temps chez ma sœur, qui habite un studio situé tout près des rues festives lilloises. Nous nous rapprochons de plus en plus, et partageons les mêmes sorties, et les mêmes amis.

A la maison, cela devient de plus en plus tendu. J'ai découvert récemment que ma mère lisait mon journal intime. Je n'en suis pas revenue.

Comment ma propre mère a-t-elle pu violer mon intimité ? Je me sens trahie. Je consignais dans ce carnet le moindre de mes ressentis, la moindre de mes émotions... Elle avait tout lu. Cette trahison était d'une violence inouïe.

Cela peut sembler anodin, car on considère souvent le journal intime comme un objet de l'adolescence, dans lequel on consigne des propos un peu naïfs. Mais pour l'avoir vécu, je peux attester de la brutalité de cet incident. C'est comme si ma propre mère m'avait forcée à lui avouer tout ce que j'avais en moi de plus intime et que je souhaitais garder pour moi. C'était mon jardin secret, elle n'avait pas le droit de violer le seul espace d'intimité qui m'était permis. Je sais pertinemment que c'est à partir de ce jour que les liens entre ma mère et moi se sont définitivement brisés. Je ne lui ferai plus jamais confiance.

A contrecœur, je décidais donc de jeter mon carnet. Cela fut un déchirement. Mais je n'avais pas le choix. Ma mère n'était plus digne de confiance, et je ne souhaitais pas qu'elle puisse en lire davantage. A partir de ce moment, je n'eus qu'une idée en tête : finir au plus vite mes études pour pouvoir prendre mon indépendance.

Pour pouvoir continuer malgré tout à écrire, car il faut dire que j'y ai pris goût, je décide de prendre la plume pour écrire des textes beaucoup plus littéraires et métaphoriques. Cela me fait du bien, et les formulations que j'emploie me permettent de dévoiler mes sentiments de façon imagée, de telle sorte que si ma mère venait à les lire, je puisse toujours imaginer une interprétation différente de la réalité.

Mon année de Licence se termine, je suis diplômée. J'ai eu la chance de trouver parmi mes camarades de classe de merveilleuses personnes qui demeurent encore mes amies aujourd'hui. J'ai pris confiance en moi sur un plan professionnel. Je me sens maintenant prête à rejoindre pour de bon le monde de l'entreprise.

Quelques mois plus tard, je suis embauchée dans une grande entreprise de restauration collective, pour assister le Directeur des Ressources Humaines.

Mais finalement, comment choisit-on le métier que l'on souhaite exercer ? Pour moi, cela fut assez évident à l'époque. Ma sœur avait fait un BTS Assistant(e) de Direction. Je me voyais bien suivre le même chemin. De nature organisée, je pensais que ce métier était fait pour moi. Et sincèrement, évoluant à l'époque au sein de cette secte, ce n'était pas une vraie question. Les femmes étaient reléguées au second plan, et étaient plus souvent encouragées à faire du prosélytisme qu'à aller travailler. J'imaginais aussi que Dieu allait intervenir pour transformer la terre en paradis, et qu'il ne me serait alors plus utile de travailler, du moins pas dans une entreprise. Mon choix d'orientation professionnelle n'était donc pas capital…

… Jusqu'à ce moment-là. Je fais mes premiers pas dans cette entreprise. Stressée au départ, je continue à l'être malgré les mois qui passent. Je trouve mon job ennuyeux, alors que je n'ai pas une seule minute à moi. Mais c'est un fait, intellectuellement, je m'ennuie. Néanmoins, je m'accroche à ce poste. C'est mon seul espoir pour pouvoir quitter rapidement l'appartement que je partage avec ma mère. Et je suis consciente que le fait de trouver si rapidement un emploi à la fin de mes études n'est pas monnaie courante.

Par ailleurs, j'ai la chance d'avoir des collègues en or. L'ambiance est bonne. Je me rapproche plus particulièrement de l'une de mes collègues. C'est une amitié qui dure encore aujourd'hui. Grâce à elle, je découvre pour la première fois l'univers ésotérique. Cette collègue tire les cartes, plus précisément les Tarots de Marseille. Cela m'attire énormément. C'était une chose interdite par la secte. Il n'était pas question de s'intéresser de près ou de loin à ce genre de pratiques. Cela rend l'expérience encore plus excitante pour moi ! Je transgresse les règles, qui pourtant ne s'appliquent plus à moi. Cela devient donc finalement un jeu pour nous, et certaines pauses sont propices aux tirages de cartes. A ce moment-là, je ne sais pas encore que ce ne sont que les prémices de futures découvertes bien plus grandes pour moi.

Sur un plan personnel, je m'amuse plus que jamais. Depuis que ma sœur a emménagé dans un studio situé au cœur des nuits lilloises, nous partageons régulièrement nos soirées. Nous avons des amis communs, nous faisons la fête au moins trois fois par semaine. L'alcool coule à flot. Les rencontres s'enchaînent. J'ai l'impression de rattraper le temps que je n'ai pas eu pendant mon adolescence. Loin du domicile familial, j'oublie l'ambiance pesante qui règne à la maison. D'autant plus que mon contrat va me permettre de prendre mon indépendance.

Mais le chemin tout tracé que l'on s'imagine connaît parfois quelques détours...

Quelques mois seulement après mon embauche, l'entreprise pour laquelle je travaille déploie un plan socio-économique. Notre direction régionale est concernée. Les Ressources Humaines vont être centralisées sur Paris. Alors que mon directeur m'annonce la nouvelle avec précaution, je ne réalise pas vraiment ce qu'il se passe, et suis presque contente de cet imprévu, qui va me permettre de quitter cet emploi qui ne me convenait pas vraiment.

J'ai le choix de rester dans la même entreprise et de migrer vers la capitale... ou d'être licenciée économique. Je ne réfléchis pas très longtemps. Je ne connais pas Paris et le niveau de vie y est plus élevé. Or, il est prévu que mon salaire reste le même. A cette étape de ma vie, le simple fait de devoir me débrouiller seule dans une ville inconnue me donne une trouille infinie. Cela est complètement inenvisageable. Je n'hésite donc pas, je souhaite être licenciée.

Comme tout plan de licenciement, il offre la possibilité de se faire accompagner dans le cadre d'un bilan de compétences. Au départ, je n'envisage pas non plus cette option. Je suis diplômée depuis peu, il n'est pas question que je change de métier. Et même si mes activités quotidiennes m'ennuient, je sais qu'il y a de l'emploi dans cette branche, et que je pourrai donc rapidement retrouver un job.

Je me rends compte aujourd'hui que mon éducation m'a également fortement conditionnée dans mes choix. Le travail était pour moi un moyen de survie. Il fallait absolument que j'ai un emploi qui me permettent de subvenir à mes besoins. Par ailleurs, la foison de métiers existants m'était en partie inconnue. Mon mode de vie m'avait jusqu'alors limitée à ce que je voyais dans ma cité, et au sein de la communauté dans laquelle j'évoluais. Mon milieu social m'influençait aussi énormément. Jamais je n'aurais envisagé devenir ingénieur par exemple. Cela me semblait réservé aux autres.

Par exemple, adolescente, je me souviens avoir eu l'envie de devenir psychologue, ou diététicienne. Mais finalement, j'avais très vite rayé ces options de ma liste, car cela ne me semblait pas entrer pas dans la sphère du possible, du réalisable. Je vivais en somme ma vie en noir et blanc, sans soupçonner l'existence des couleurs que je pouvais y mettre.

Toujours est-il que je me prépare à mon licenciement, et je suis alors convaincue que je vais rapidement retrouver un poste d'assistante. J'assiste malgré tout à la réunion d'information sur le bilan de compétences, juste « pour voir » …

Et c'est ce qui va tout changer… Je m'aperçois que j'ai une chance unique de pouvoir me réorienter professionnellement, de trouver un métier qui m'épanouisse pleinement. Pour la première fois de ma vie, je me pose la question de ce qui me plairait réellement. Je m'autorise à écouter mes envies, mes besoins. Je n'en ai pas l'habitude. Et je saisis cette chance. Bien sûr, j'ai un peu d'appréhension. Il faut dire qu'une reconversion professionnelle demande du courage… le courage de se lancer, et éventuellement, d'échouer avant de réussir. Mais j'ai la chance d'être jeune, et je n'ai aucune obligation familiale. Je m'autorise donc à tout envisager.

Le début d'une prise de conscience

Je suis accompagnée dans mon bilan de compétences par un consultant d'un grand cabinet lillois. Tout de suite, le contact passe bien. C'est un homme d'âge mûr. J'aime son côté paternaliste. Je me sens en confiance.

Lors de notre deuxième rendez-vous, il me demande si j'accepterais de lui faire part de mon histoire de vie, des grandes étapes qui ont marqué mon parcours personnel. Je souris intérieurement et me dis qu'il ne sait pas dans quoi il s'engage. Mais je suis confiante, et je pense avoir suffisamment de recul sur mon histoire pour pouvoir en parler sereinement. J'ai vingt-trois ans. Cela fait cinq ans que j'ai réintégré la vie « ordinaire », je pense avoir eu le temps de guérir de mon passé. J'accepte donc, et lui dévoile les quelques évènements marquants de mon existence.

Quelques questions et remarques plus tard... je m'effondre. Il fait mouche lors de son questionnement, il semble repérer facilement mes points les plus sensibles. Je prends conscience que j'ai pansé mes blessures si rapidement qu'elles n'ont pas eu le temps de cicatriser, et elles s'ouvrent à nouveau. Il va me falloir réaliser un travail plus abouti si je veux aller mieux.

Lors du rendez-vous suivant, mon consultant revient sur les quelques éléments évoqués précédemment. Et il me fait prendre conscience d'une chose qui changera à jamais la perception de mon expérience de vie : dans tout ce que j'ai vécu de difficile, il y a du POSITIF.

Ses réflexions m'amènent à comprendre que les années passées dans une secte m'ont permis d'avoir de la rigueur dans tout ce que j'entreprends. Le fait d'avoir fait du porte à porte m'a poussé à aller vers les autres plus facilement, même si c'était une épreuve à chaque fois. Le fait de devoir, lors des réunions, monter sur scène de façon ponctuelle, pour jouer de courtes scénettes retraçant des expériences de prédication, m'a appris à prendre la parole en public. Mon histoire familiale m'a permis de prendre en maturité de façon précoce, de me responsabiliser rapidement. Bref, nous passons en revue toutes les difficultés que j'ai rencontrées, et y appliquons le principe de résilience. C'est à ce moment précis que j'ai commencé, très doucement, à opérer un véritable changement sur moi-même. Le travail sera long et difficile, mais il a commencé.

Puis mon consultant termine le rendez-vous par une phrase que je n'oublierai jamais : *« Vous savez, on n'est pas obligé d'aimer ses parents »*. Sur le coup, je ne comprends pas cette phrase. Et je ne sais pas pourquoi il me dit cela. Je suis à la fois choquée, et soulagée. Choquée, car pour moi, il va de soi que nous nous devons d'aimer nos parents. Et soulagée, car l'animosité qui m'oppose à ma mère depuis tant d'années m'épuise, et me donne envie de prendre de la distance avec elle. J'étouffe, je suffoque, je vis tous ses problèmes par procuration, et je lui en veux. Elle va mal, je vais mal. Et elle est en souffrance depuis tellement longtemps que je suis aussi épuisée qu'elle. Il me laisse aussi entendre que ma prise d'indépendance serait une bonne chose. J'en suis moi-même totalement convaincue, mais ma situation d'emploi ne me le permet pas… du moins, c'est ce que je pense.

Les rendez-vous passent, et mon nouveau projet professionnel se précise. Je fais le choix de m'orienter vers les sciences de l'éducation, et plus particulièrement, la formation d'adultes. Tout s'enchaîne très rapidement, je dépose mon dossier d'inscription en Licence 3, et suis acceptée. Je démarre ma formation.

Renaître de ses cendres

Quitter le nid

Dès le premier jour de ma formation, c'est un choc. J'ai trouvé ma famille de cœur. Les personnes que je côtoie semblent avoir des intérêts communs aux miens : la soif d'apprendre de l'autre, de s'enrichir mutuellement, de transmettre. Me voici intégrée à la grande famille des sciences humaines !

Cette énergie me donne des ailes. Et je trouve le courage de sauter le pas : je prends mon indépendance, alors que je suis au chômage, et en formation. Mes revenus sont faibles, mais peu importe. Je suis surexcitée, je vais avoir mon propre "chez moi" ! Je me débrouille pour trouver un studio en banlieue lilloise. C'est petit, mais suffisant, propre et confortable. Je peux meubler l'appartement grâce à ma prime de licenciement. Tout s'enchaîne parfaitement. Mon frère vient m'aider pour l'installation et le montage des meubles. On y est... je vole de mes propres ailes !

Je garde un très bon souvenir de cette année d'études. Moi qui avais soif de nourriture intellectuelle, je m'amuse beaucoup à découvrir toutes les notions que l'on m'enseigne.

En ce qui concerne ma mère, je suis plus sereine car éloignée d'elle. Je prends de ses nouvelles régulièrement, et lui rends service. Ses attitudes m'agacent toujours autant, mais j'essaye de passer outre. En même temps, je suis inquiète pour elle. Je ne suis pas rassurée à l'idée de la laisser seule dans cette cité HLM peu sûre, et qu'elle aimerait quitter. L'insécurité y est grandissante.

Elle-même souhaite déménager dès que possible. Elle aimerait retourner habiter dans son village natal, à quelques kilomètres de Lille. Quelques démarches lui permettent d'y trouver rapidement un logement. Je suis heureuse pour elle, et me dis qu'elle va se sentir bien auprès de sa famille. Je suis soulagée de savoir qu'elle sera entourée, et que nous ne serons plus seules, ma sœur et moi, à nous occuper d'elle. En effet, quelques-uns de ses frères et sœurs habitent là-bas, et je suis sûre qu'ils seront contents de se retrouver. Malheureusement, cela ne durera qu'un temps…

Le temps passe à une vitesse folle, et mon année de Licence s'achève. Il me faut maintenant trouver un emploi. Mes droits à Pôle Emploi se terminent prochainement. Il faut que je fasse vite.

De ce que j'ai découvert dans l'univers de la formation, je peux dire que je me considère assez peu à l'aise face à un groupe, je choisis donc de m'orienter vers les métiers qui nécessitent un accompagnement individuel, et qui constituent l'une des autres branches de la formation d'adultes. Rapidement, je parviens à décrocher un poste en tant que conseillère en mission locale, dans une ville toute proche de Lille. Je suis fière du titre que je porte. Je suis épatée d'avoir une secrétaire qui prend les rendez-vous à ma place. Mais ce bonheur sera de courte durée.

Très vite, je suis confrontée à des difficultés qui me dépassent. Mon rôle est d'accompagner des jeunes en difficultés, âgés de seize à vingt-cinq ans. J'ai moi-même vingt-quatre ans, et je manque quelque peu d'assurance. Je ne connais pas ou très peu les dispositifs d'aide existants. J'ai beau avoir baigné dans la précarité durant toute mon enfance, ma mère s'est toujours débrouillée pour joindre les deux bouts avec l'argent dont elle disposait. Tout était calculé, rationné, je portais les vêtements trop petits pour ma sœur, etc… bref, on était pauvres, mais on s'en sortait. Tout au plus, sollicitait-elle l'aide du CCAS pour obtenir ce qu'elle appelait à l'époque *« les bons jaunes »*, qui permettaient d'éviter l'avance des frais lorsque nous consultions un médecin... l'ancêtre de la CMU en quelque sorte.

Ainsi, lorsque j'arrive à mon poste, je ne connais rien aux dispositifs d'aides sociales existants. Je m'imagine que l'on va me former, mais il n'en est rien. Ancienne assistante de direction, je découvre un univers, celui du secteur social, qui m'est complètement inconnu. Je manque clairement d'expérience, et je me dis qu'il serait sûrement mal vu que j'en fasse part, car si on m'a embauchée, on s'attend certainement à ce que je sois efficace. Je suis morte de peur. J'essaye tant bien que mal de m'en sortir, mais j'ai la sensation d'être un éléphant dans un magasin de vaisselle.

L'esprit d'équipe n'est pas présent, je ne me sens pas accueillie. Je ne dispose d'aucun bureau, je dois errer et quémander une place vacante dans les bureaux lorsqu'ils sont disponibles. Au-delà du fait de me sentir inefficace, je suis gênée vis-à-vis des usagers pour qui je constitue parfois la dernière chance.

Je me souviens comme hier de cette jeune fille, arrivée dans mon bureau : enceinte et vivant dans la rue, elle venait me demander de l'aide. Complètement désemparée, j'allais voir l'une de mes collègues pour savoir quelles aides étaient envisageables pour elle. Mais au-delà de l'aspect financier (lui donner des tickets repas, et des bons pour dormir à l'hôtel), je ne savais pas gérer la détresse de cette jeune fille ainsi que tous les freins qui pouvaient l'empêcher d'avancer vers une réinsertion sociale et professionnelle. Mon incompétence me sautait aux yeux, et j'avais la sensation qu'elle était inscrite sur mon front. Moi qui avais choisi cette voie pour aider les autres, je les plaignais presque d'être tombés sur moi. Tous les matins, je partais travailler la boule au ventre. Jusqu'au jour où ce fut l'incident de trop.

Cela fait un peu plus d'un mois que je travaille dans cette mission locale. Un des jeunes que j'accompagne me demande de monter un dossier pour une aide financière à laquelle il n'a pas droit. Je lui explique qu'il ne sert à rien de créer ce dossier, et j'argumente. Il s'énerve, et revient avec un membre de sa famille, à qui j'explique la même chose. Le lendemain, il me rappelle, très énervé, menaçant de venir tout casser si je n'accède pas à sa demande. Et il me raccroche au nez. Je suis terrorisée. Je suis facilement impressionnable, et je crains sincèrement que ce jeune homme m'attende à la sortie de mon travail. Ma voiture n'est pas garée loin, mais j'appréhende le moment où je devrai la rejoindre. Ce soir-là, je quitte le bureau, une bombe lacrymogène à la main... et j'ai peur.

Le lendemain, alors que je dois retourner travailler, je change d'itinéraire au dernier moment, et me rend chez ma mère. C'est une drôle de situation pour moi. Jusqu'à présent, c'est toujours moi qui aidais ma mère. Là, je prends la route pour lui demander de l'aide. Je suis gênée. J'ai l'impression d'un tel échec ! Et en plus, je vais en faire étalage auprès de ma mère, moi qui étais si fière de lui annoncer quelques semaines plus tôt mon embauche en tant que conseillère en mission locale !

Mais tant pis, je vais au bout de ma démarche, je me rends chez elle. Je lui explique la situation et lui dis que je me sens incapable d'aller au travail. Elle me propose d'aller consulter son médecin pour qu'il me prescrive un arrêt de travail, me laissant le temps de réfléchir à la suite. C'est ce que je fais. Pour ne pas perdre la face, j'appelle mon employeur et lui dis que j'ai une grosse angine, que je suis alitée. En réalité, je ne retournerai jamais travailler dans cet endroit. Quelques jours après, je pose ma démission.

Je suis complètement perdue. Ai-je fait le mauvais choix en m'orientant vers la formation et l'accompagnement des adultes ? En tant qu'assistante de direction, j'étais certaine de retrouver un emploi rapidement. Je me dis que le choix de réorientation que j'ai fait n'est pas raisonnable : j'ai vingt-quatre ans, je n'ai aucune expérience du métier, apparemment, je ne suis pas douée, et en plus, les offres d'emploi y sont moins nombreuses que dans le domaine de l'assistanat et du secrétariat. Que faire ? J'ai l'impression d'avoir fait une grosse erreur. Et plus que tout, je n'ai plus du tout confiance en moi sur un plan professionnel.

Mais je n'ai pas le temps de tergiverser. J'ai un loyer à payer, je dois manger... Ayant moins de vingt-cinq ans, je n'ai pas droit à ce que l'on appelle à l'époque le RMI. Dans la mesure où j'ai démissionné, je n'ai pas droit non plus aux Assedic. Bref, si je ne fais rien, je n'ai plus qu'à retourner vivre chez ma mère... et c'est inenvisageable ! Un mois se passe, je démarche les agences d'intérim chaque jour, je réponds à des dizaines d'offres d'emploi, j'envoie un tas de candidatures spontanées... rien. Aucune réponse positive.

L'angoisse monte d'un cran. Je sais que les économies dont je dispose me permettent de survivre pendant un mois, pas plus. Si je n'ai pas de travail dans les jours qui viennent, c'est une catastrophe. Je retourne donc voir les agences d'intérim. Cette fois-ci, j'insiste, et j'explique que je suis prête à accepter n'importe quelle mission.

Je suis enfin entendue, et on me propose une mission d'un mois... en usine... Quel soulagement ! Je découvre là encore un univers que je ne connais pas. J'avais beau avoir multiplié les jobs d'été, tous les postes que j'avais occupés étaient dans le domaine du secrétariat. Je ne connais pas le travail à la chaîne. Mais qu'importe, je suis soulagée d'avoir un salaire qui va tomber à la fin du mois.

Se passent quelques mois durant lesquels j'enchaîne les missions d'intérim : de l'usine, je passe au siège d'un grand groupe cuisiniste, en tant qu'opératrice de saisie, puis je suis embauchée pour absorber le retard de classement d'une petite PME, dans une zone industrielle de la banlieue lilloise, etc.

Puis j'apprends que l'entreprise qui m'a licenciée recherche quelqu'un de façon temporaire. Je postule, je suis embauchée en Contrat à Durée Déterminée. Je ne sais pas vraiment où je vais, mais je n'ai pas le temps d'y réfléchir.

Un nouveau chemin professionnel

Peu de temps après, le père d'une amie me contacte, il a un poste à me proposer. Président d'une association de réinsertion sociale et professionnelle dans les Flandres intérieures, il a un poste de chargé(e) de mission à pourvoir. Il me reçoit et m'en présente les missions.

Je suis impressionnée par le poste, mais j'essaye de me convaincre que, cette fois-ci, je peux y arriver. Je lui exprime mon intérêt. Il me propose de passer un entretien d'embauche avec la directrice de la structure. L'entretien s'enchaîne quelques jours plus tard. Nous nous organisons pour nous rencontrer sur Lille. La directrice semble très exigeante. Comme à mon habitude, je lui dis qu'il n'y a pas de problème, et fais mine de pouvoir assumer ce qu'on me demande. Je m'imagine qu'il y a eu plusieurs candidatures pour le poste, et j'espère secrètement ne pas être retenue, car je suis en fait morte de peur !

Mais conclusion étonnante de l'entretien : le poste est pour moi ! Je repars chez moi complètement bouleversée. J'ai un emploi… dans la nouvelle branche professionnelle que j'ai choisie… mais je n'en veux pas ! Le poste que l'on me propose me ramène immanquablement vers l'accompagnement d'adultes en difficulté. J'ai déjà échoué une première fois, je ne me vois pas recommencer.

Le lendemain matin, à la première heure, je rappelle la directrice, et lui dis qu'au vu des exigences qu'elle m'a présentées, j'ai réfléchi, et je refuse le poste, car je ne me sens pas à la hauteur. Elle semble désemparée, et essaye de me rattraper. Elle passe près de trois-quarts d'heure au téléphone avec moi. Ce que je ne savais pas, et que j'ai appris bien plus tard, c'est qu'une première personne avait déjà occupé ce poste, et l'avait quitté au bout de quelques semaines seulement.

Mais je suis très difficile à convaincre. La directrice me propose alors de venir sur place, de rencontrer l'équipe et de visiter les locaux, pour me rendre compte à quel point l'environnement de travail est différent de celui que j'ai connu sur le territoire de la banlieue lilloise.

Comme je suis polie, j'accepte, même si j'ai l'impression que je ne changerai pas d'avis. J'arrive sur les lieux de l'association, et il est vrai que je suis agréablement surprise. Nous sommes à la campagne, ou presque. L'équipe est composée de quelques personnes, sympathiques et accueillantes. Le public que je dois accompagner est un public en difficultés, mais on me le décrit comme non agressif. Cela me rassure. Je finis par accepter le job.

Je passerai deux ans dans ces fonctions. Les débuts sont difficiles, mais beaucoup moins que dans mon poste précédent en mission locale. Mes collègues sont ouverts à l'échange, nous parlons de nos difficultés, nous créons des liens. Le public que j'accompagne est engagé soit dans un dispositif de réinsertion sociale, soit dans un dispositif de réinsertion professionnelle. Mon rôle est d'animer des ateliers de groupe, ou de mener des entretiens individuels pour accompagner ces personnes. Je suis aussi en lien avec nos partenaires financiers, et je développe quelques actions culturelles pour l'association.

Tout cela est très prenant, tant sur un plan physique qu'émotionnel. Pour être plus près de mon lieu de travail, j'ai fait le choix de déménager dans cette ville. Je me suis considérablement éloignée de Lille. Je ne pense pas que cela fut une erreur en soit, mais le fait de croiser, au quotidien, durant mon temps libre, les personnes que j'accompagne durant la semaine est assez étouffant.

Je ne vis plus que pour mon travail. Le week-end, je prépare les ateliers que je n'ai pas eu le temps de préparer pendant la semaine. Je continue à sortir sur Lille de temps à autre, mais cela est moins fréquent. Ma vie sentimentale est au point mort.

L'avantage de ce poste, c'est qu'il me fait gagner énormément confiance en moi. Je suis arrivée complètement détruite par une mauvaise expérience professionnelle. Et je me reconstruis doucement. La directrice étant peu disponible, elle me laisse gérer totalement mon poste. J'organise tout, j'ai carte blanche. Je me rends compte de tout ce que je suis capable de faire. Je me constitue un réseau professionnel. J'apprivoise les techniques d'animation de groupes. Je fais connaissance avec un public en difficultés, et parfois attachant. J'apprends à faire beaucoup avec peu de moyens, puisque les budgets sont extrêmement serrés.

Malgré tout, le job reste difficile pour moi, sur un plan émotionnel principalement. Les responsabilités sont grandes, et l'accompagnement de personnes en difficultés sociales me renvoie à un passé que je n'ai pas complètement digéré. L'une des dernières situations que je rencontre finit de m'achever.

C'est à ce moment-là que je commence à vouloir quitter le navire. J'ai le sentiment de ne plus avoir de temps libre, et mon travail m'affecte plus qu'il ne le devrait. Les situations rencontrées deviennent pesantes. J'ai la sensation d'être responsable de tous les problèmes du monde, et qu'on me demande de les solutionner. Les financeurs attendent des résultats. Moi, je souhaite simplement accompagner du mieux possible des personnes, qui parfois, ne sont pas prêtes à évoluer tout de suite.

Je réfléchis alors à ce que je pourrais faire. Récemment, j'ai entendu parler d'ateliers d'écriture. Cela fait maintenant plusieurs années que j'écris pour le plaisir. Cette habitude me fait du bien. Je me suis aventurée à montrer mes textes, et on m'a dit qu'ils étaient de qualité. Peut-être pourrais-je espérer en faire un business ?

Pleine de motivation, je commence les démarches. Je me rends à la Chambre de Commerce et d'Industrie, j'assiste à des réunions d'information, j'imagine mon projet, je fourmille d'idées... puis vient le jour où je rencontre, en entretien individuel, un conseiller de la CCI. Et là, je découvre que mon projet, en l'état, n'est pas viable sur un plan financier. Même si tout fonctionne à son niveau maximum, ce qui n'est pas vraiment gagné, j'arriverai tout juste à me dégager un salaire équivalent à un SMIC. Ce conseiller me suggère de réfléchir à une activité complémentaire, comme celle d'écrivain public par exemple. Mais cela me semble trop compliqué… et inintéressant. J'abandonne l'idée de me mettre à mon compte.

Je conserve cependant l'envie de quitter au plus vite mon job, qui ne me satisfait plus, et m'oppresse terriblement. Je suis épuisée psychologiquement. Je me dis qu'il serait plus confortable pour moi d'occuper à nouveau un poste d'assistante de direction. Et même si l'ennui me guette dans ce type de job, il ne tient qu'à moi de pimenter mon temps libre, en m'adonnant à des activités créatives. J'ai aussi l'envie de revenir habiter sur Lille.

Je postule donc à des postes d'assistante de direction. Partout où l'on me reçoit en entretien, on me dit que je suis trop qualifiée, que je risque de m'ennuyer dans de telles fonctions. Même si j'argumente et que j'explique que je souhaite revenir à ce type de poste, c'est un échec.

Je change alors de stratégie. Je décide de mentir sur mon CV… mais pas comme on le fait d'habitude. Ordinairement, on se sur-qualifie pour obtenir un poste. Moi, je fais l'inverse. Je n'indique plus que je viens de passer deux ans dans des fonctions de chargée de missions, je dis que j'étais assistante.

Et cela fonctionne ! Je multiplie les entretiens d'embauche, et cela se passe bien. Très vite, je décroche un poste d'assistante au sein d'un centre de formation lillois.

Fêtes, excès... et rupture du lien maternel

Nous sommes en avril 2008. En quelques semaines, je trouve un logement en plein cœur de Lille, comme je le souhaitais. Mon job ne m'intéresse pas vraiment, mais je revis. Je prends vite mes marques dans mes nouvelles fonctions.

Juillet 2008, soit quelques mois après mon arrivée, mon directeur échange avec moi dans le cadre de mon entretien annuel. Il me dit *« C'est facile pour toi ce que tu fais là, non ?... Tu sembles plus qu'à l'aise... »*. Je lui confirme que c'est assez simple, en effet. Et je finis par lui dire quelles étaient mes véritables fonctions au sein de l'association qui m'embauchait précédemment. Il comprend que j'étais Chargée de missions, et il se rend compte également que mes compétences sont multiples. Il me demande vers quel autre poste j'envisagerai d'évoluer au sein du centre de formation. Cela me semble un peu tôt, je n'y ai pas réfléchi. Je prends tout juste mes marques. Il acquiesce et me dit qu'on en reparlera plus tard.

Pendant ce temps, je reprends mes habitudes dans les soirées lilloises. Je fréquente des personnes ayant une sensibilité pour les arts. J'écoute beaucoup de musique, j'assiste à des concerts, je danse… et j'écris plus que jamais. Rapidement, je fais connaissance avec des groupes de Lille ou d'ailleurs, qui recherchent des textes pour leurs musiques. Nous travaillons ensemble. Mes textes prennent vie à travers leurs chansons… j'exulte !

L'émotion est énorme quand j'entends pour la première fois en concert une chanson que j'ai écrite. Elle l'est encore plus lorsque je vois certaines personnes du public qui chantent le refrain… Des paroles que j'ai écrites la nuit, tranquillement installée sur mon canapé, et qui prennent vie sur scène… C'est pour moi complètement surréaliste. Je savoure.

Comme je sors beaucoup, je fais énormément de rencontres… des bonnes, comme des mauvaises.

Je garde de cette période des souvenirs plein la tête : des fous-rires, des gueules de bois, des frissons, de la danse, des refrains, des aventures foireuses, des expériences d'un autre monde, des baisers enflammés, des larmes qui ont coulé, des rencontres extraordinaires, des flottements lunaires… Toutes ces images et ces sensations s'entassent dans ma boîte à trésors, et je ferai en sorte d'en prendre toujours soin.

Malheureusement, tout n'est pas si rose sur un plan familial. Ma mère ne va pas bien. Pourtant, elle a réussi, comme elle le souhaitait, à obtenir un appartement en location dans son village natal, à quelques kilomètres de Lille. Elle est donc auprès de sa famille : sa sœur, son frère, ses neveux, nièces... Et malgré cela, elle n'est pas satisfaite. Elle a fini, comme souvent, par se disputer avec certains d'entre eux. Elle se considère encore et toujours comme le vilain petit canard de la famille, et se pose sans cesse en victime. Elle est au plus mal.

Ma sœur, qui l'appelle au téléphone, se rend compte qu'il y a un problème. Ma mère serait à deux doigts de se suicider. Et elle a ce qu'il faut. Comme je l'ai expliqué plus haut, elle nous a souvent laissé entendre qu'une boîte entière de somnifères lui suffirait pour passer de l'autre côté. Ma sœur prend donc la route vers le domicile de ma mère. Et lorsqu'elle arrive, elle ne peut que constater qu'il y a urgence, elle est au plus mal, elle pourrait passer à l'acte. Elle décide de l'emmener à l'hôpital.

Le service hospitalier réagit rapidement. Il faut la placer immédiatement à l'EPSM, que l'on appelait autrefois hôpital psychiatrique. Ma sœur l'y emmène dans la foulée. Ma mère n'oppose aucune résistance, elle est amorphe.

Ma sœur me contacte pour me tenir informée de ce qui se passe. J'ai l'impression qu'on me donne un coup de massue sur la tête. Je n'en reviens pas. Après toutes les épreuves que nous avons traversées, il faut que ma mère nous en ajoute encore une. Je suis écœurée. Je trouve sa réaction tellement égoïste. Même si je sais que la dépression est une maladie, je ne peux m'empêcher de lui en vouloir. La vie que nous avons eu a été extrêmement difficile, et truffée d'épreuves à surmonter. En signifiant vouloir réellement en finir avec la vie, j'ai l'impression que ma mère nous ajoute un énième fardeau, que nous ne méritons vraiment pas.

Dès que le week-end arrive, ma sœur et moi nous rejoignons pour aller visiter ma mère à l'EPSM. C'est alors une vision de cauchemar que je découvre, à laquelle je n'étais vraisemblablement pas préparée. Ma mère nous attend dans la salle réservée aux visites. Je ne la reconnais pas. Elle a très certainement reçu une dose importante de médicaments. Elle est méconnaissable. Elle cherche ses mots, parle extrêmement lentement, et passe son temps à se toucher le visage, comme si elle avait un tic. Elle semble avoir du mal à comprendre ce que je dis, je suis obligée de parler très lentement.

Elle me fait remarquer que j'ai dû être étonnée d'apprendre qu'elle était ici. Certes, je l'ai été, mais pour ne pas l'inquiéter, je lui réponds « *T'inquiète pas, Carine (ma sœur) m'a expliqué les épisodes au fur et à mesure* ». Elle me répond, l'air hagard « *Ah ? t'as vu ça à la télé ?* ». Je feins l'amusement, et lui explique en termes moins imagés que ma sœur m'a tenue informée au fur et à mesure de ses démarches. Je ne saurai jamais ce qu'elle a vraiment compris.

En même temps que je lui parle, j'observe les alentours. D'autres familles sont présentes dans la pièce avec d'autres patients. Il règne une ambiance étrange. Je suis tendue comme jamais. J'ai l'impression que le plafond m'écrase, que je respire mal. De son côté, ma mère, apparemment fière de nous présenter son nouveau lieu de vie, nous propose d'en faire la visite. Elle nous emmène dans une salle qui regroupe des chaises et une télévision, et semble être une salle de détente. Je me fais héler par un patient de façon un peu agressive, qui me demande si je suis l'infirmière. Il me fait peur. Ma mère lui répond en souriant que je suis sa fille.

Ma mère nous explique que, dans la journée, les chambres sont fermées à clé. Elle n'a donc pas le droit d'y rester. Elle peut soit aller dans cette salle, soit s'inscrire à des ateliers organisés par l'EPSM. Je suis choquée. Je connais les problèmes de dos de ma mère, et je ne sais pas comment elle peut rester assise sur une chaise toute la journée. Je me dis qu'elle doit souffrir, qu'elle ne doit pas être bien. Elle ne semble pas s'en formaliser. A vrai dire, elle est dans un tel état second que je ne sais même pas si elle se rappelle en quelle année nous sommes.

Puis, soudain, un membre du personnel nous arrête de façon brutale, en nous disant que nous n'avons pas le droit d'être là. Nous aurions dû rester dans la salle des visites. Je lui explique que ma mère nous a emmenées ici pour nous faire visiter, pensant bien faire. Il nous répond que d'autres patients pourraient ne pas souhaiter que l'on sache qu'ils sont là. Ce sont des espaces privés. Ma sœur et moi acquiesçons.

Nous abrégeons la visite, et disons au revoir à notre mère. Sur le parking, nous rejoignons chacune notre voiture. Mais je n'arrive pas à démarrer tout de suite… je fonds en larmes. C'est trop pour moi. Laisser ma mère dans cet endroit si peu accueillant est inenvisageable. Et pourtant, je n'en ai pas le choix. Il paraît que c'est ce qu'il y a de mieux pour elle.

Les jours passent, je l'appelle plusieurs fois par semaine, et je vais la voir tous les week-end. Chaque visite est un véritable supplice. Contre toute attente, ma mère se plaît tellement là-bas qu'elle ne souhaite plus en partir. Elle dit que tout le monde s'occupe d'elle, et qu'elle n'a pas à penser à préparer ses repas. Elle s'y sent bien. Personnellement, j'ai du mal à concevoir que l'on puisse être bien dans ce genre d'endroits, mais cela me rassure de savoir que c'est le cas pour elle.

Peu à peu, elle a le droit à un peu de liberté. On l'autorise d'abord à se promener, l'espace de quelques minutes, dans le parc de l'EPSM. Puis un jour, on nous informe qu'elle a le droit, si nous le souhaitons, d'être hébergée un week-end dans sa famille. Je propose alors de la prendre chez moi le week-end suivant. Mais tout ne se passe pas comme prévu.

Je vais la chercher le vendredi soir, et il est convenu que je la ramène dimanche soir. La soirée du vendredi se passe plutôt bien, nous mangeons, regardons un film, puis nous allons nous coucher.

Le samedi matin, au lever, les choses se déroulent normalement. Mais très vite, tout bascule. Alors que je suis dans la salle de bains, j'entends un bruit étrange. Je vais voir si tout va bien, et je retrouve ma mère en pleurs, recroquevillée sur le canapé. Je m'affole, je pense qu'elle est tombée, qu'elle s'est fait mal, que sais-je ?... En fait, non, elle ne se sent tout simplement pas bien chez moi, elle souhaite rentrer à l'EPSM.

Nouveau coup de massue sur la tête pour moi, j'ai l'impression d'avoir vécu un véritable échec. Je n'ai pas réussi à l'aider, malgré toute la bonne volonté que j'y ai mise. Elle préfère retourner dans ce que je considère comme une prison. C'est son choix, je ne peux la contraindre à rester chez moi. Je la ramène à l'EPSM, totalement abattue.

Elle restera à l'EPSM plusieurs mois, jusqu'à ce que son état lui permette de réintégrer son domicile. De mon côté, j'ai du mal à dormir, je multiplie les insomnies. Je profite d'une visite chez mon médecin traitant pour une maladie bénigne, et lui demande dans le même temps s'il peut me prescrire un traitement naturel pour m'aider à dormir. Je ne souhaite surtout pas prendre de somnifères, mais simplement des plantes qui pourraient m'apaiser et m'aider à trouver le sommeil.

J'ai la chance d'avoir face à moi un homme fin psychologue, qui prend le temps de creuser un peu le sujet. Je finis par lui expliquer la situation du moment avec ma mère, et le sentiment d'échec que j'ai en moi suite à ce séjour qui s'est mal passé. Il échange longuement avec moi, et me fait comprendre que ce n'est pas MON échec, mais le SIEN, et que je n'ai pas à le porter.

Notre discussion porte ses fruits, et peu à peu, je retrouve le sommeil. Mais je me rends compte que le chemin de vie de ma mère pèse sur le mien. Quoi que je fasse pour aller mieux, elle est toujours là pour me tirer vers le bas. Sans même parler de son séjour à l'EPSM, chaque fois que je lui rends visite, ou que je l'appelle, elle me parle longuement de ses problèmes, se plaint, et ne s'enquiert jamais de savoir si je vais bien. Je passe mon temps, depuis mon plus jeune âge, à m'inquiéter pour elle, et à m'occuper d'elle. Mais qui s'occupe de moi finalement ? Personne, même pas moi-même. Je suis tellement accaparée par son histoire que je n'arrive pas à vivre la mienne. J'ai vingt-huit ans. Et malgré mon détachement apparent envers les hommes que je rencontre, je commence à avoir des désirs d'enfant. Pour autant, je n'arrive pas à me stabiliser. Et j'ai l'impression que ma relation avec ma mère me nuit à ce niveau.

Je prends la décision de prendre quelques distances avec elle. Mais cela ne fonctionne pas. Elle déclenche la machine du chantage affectif. Cela me nuit plus qu'autre chose. J'ai beau tourner le problème dans tous les sens, je ne sais plus quoi faire. J'ai l'impression d'avoir passé ma vie à porter ses problèmes, et je n'en peux plus. J'ai besoin de place pour ma propre vie.

C'est à ce moment-là que je prends la décision la plus difficile de ma vie : couper les ponts avec ma mère. Dans une longue lettre que je lui fais suivre par le biais de ma sœur, je lui explique les raisons de ma décision. J'édulcore quelque peu la réalité, car je ne sais pas si elle supporterait vraiment ce que j'ai à lui dire. Je lui laisse entendre que cela n'est sûrement que temporaire, et que la porte reste ouverte.

Jusqu'à sa mort, je m'inquièterai pour elle sans qu'elle le sache, partagée entre le besoin de grandir loin d'elle, et l'envie de l'aider à aller mieux. Je supporterai les remarques des uns, les jugements des autres, qui critiqueront une situation qu'ils ne connaissent pas. Chaque jour, j'essaierai de me persuader que j'ai pris la bonne décision, sans en être réellement certaine.

Mais la vie continue pour moi, et maintenant que j'ai pris cette décision, je dois l'assumer, et autant que possible, faire en sorte qu'elle me soit utile. Si j'ai décidé cela, c'était pour m'autoriser à vivre enfin ma vie. Il serait temps que je m'y attelle…

Un amour passionnel ouvre une nouvelle porte

Depuis quelques temps, j'ai décidé d'apprendre à tirer les cartes, plus précisément le Tarot de Marseille. C'est une chose à laquelle mon ancienne collègue de travail, devenue aujourd'hui amie, m'avait initiée. Cela m'amuse beaucoup, et surtout, je tombe souvent juste.

Je propose des tirages de cartes à mes amis, cela les intrigue. Lors de soirées trop arrosées, j'invite aussi chez moi des personnes fraîchement rencontrées dans les bars, autour de tirages de cartes. J'aime l'ambiance que cela crée, j'aime aussi la fascination que cela engendre chez certaines personnes. Je me dis aujourd'hui que je dois avoir une sacrée bonne étoile qui m'a évité d'avoir des problèmes avec de purs inconnus invités à mon domicile à une heure tardive de la nuit, et qui plus est passablement éméchés.

L'appartement que j'occupe à cette époque à Lille est propice à ce genre d'expériences. Il est cosy, chaleureux, on s'y sent bien. Il m'arrive régulièrement d'y ressentir d'étranges sensations, comme des « présences » autour de moi. Bref, je développe, durant les cinq années passées dans cet appartement, un goût certain pour l'ésotérisme.

C'est d'autant plus savoureux pour moi que ce type d'univers m'était totalement interdit lorsque j'étais dans la secte.

Je continue par ailleurs à multiplier les rencontres, sans m'attacher réellement aux hommes que je côtoie. Mais une rencontre va tout changer. J'assiste à un concert avec une amie, quand je commence à discuter avec un homme debout à côté de moi. La discussion est riche, et il ne me drague pas, du moins, je n'en ai pas l'impression. Nous parlons écriture, car il a lui aussi un penchant pour cet art. Je lui laisse ma carte avec mes coordonnées.

Il me recontacte, nous nous revoyons, et je bascule. L'amour frappe de façon puissante, transcendante. Il m'avoue qu'il a suivi précédemment une psychothérapie car il est d'une jalousie maladive, mais je n'y prête pas vraiment attention, je n'en ai que faire, je suis amoureuse. Cela fait longtemps que ça ne m'est pas arrivé, et j'en suis toute chamboulée.

Nous parlons énormément, nos discussions sont passionnées autant que nous le sommes. Il partage mon intérêt pour les sciences occultes, et me parle d'une amie de sa mère, qui est medium. Je suis aux anges ! J'ai toujours voulu consulter une voyante, par curiosité. Mais ne connaissant personne pour m'en recommander une, je n'ai jamais osé franchir le pas. L'occasion est trop belle, je prends rendez-vous rapidement.

Cette personne est donc medium, c'est-à-dire qu'elle a la capacité de communiquer avec les morts. Sur le coup, je ne note pas vraiment l'information, je me rends chez elle avec l'intention d'en savoir un peu plus sur mon futur, et surtout, pour assouvir ma curiosité de rencontrer une personne ayant ce type de don. Je ne serai pas déçue du voyage…

Arrivée à son domicile, je fais la connaissance d'une personne très douce et d'une humilité touchante. Nous nous installons, elle me prend les mains, et revient sur mon passé, qu'elle me déroule comme un livre. Très vite, elle me dit que mon arrière-grand-mère est présente avec nous. Elle me demande si elle s'appelle Marie. Je n'en ai aucune idée. Je ne l'ai jamais connue. Plus tard, j'apprendrai qu'elle s'appelait effectivement Marie. Elle me dit que je suis protégée par beaucoup de personnes là-haut. Cela me rassure, et me permet de comprendre beaucoup de choses, de me remémorer un tas de situations dans lesquelles j'ai eu une chance inouïe, et où je suis passée à deux doigts du pire… Je ne suis donc finalement pas étonnée de cette protection. En tous cas, je me plais à y croire, même si je sais que ce genre de remarque est tellement floue qu'elle peut concerner à peu près tout le monde.

Elle me parle également de mon père. Elle me dit que, d'après ce qu'elle perçoit, ce n'est pas une bonne personne. Elle sent que le sujet est encore douloureux, et que mes questionnements à son sujet m'empêchent d'avancer. Elle me suggère alors de faire une chose qui, je pense, m'a évité des dizaines d'heures de thérapie. Elle me propose, en rentrant chez moi, de prendre une chaise, de la placer face à moi, et d'imaginer que mon père est assis là, devant moi. Elle me signifie qu'il est temps pour moi de lui dire tout ce que j'aurais voulu lui dire et dont je n'ai pas eu l'occasion, et de finir mon discours par la phrase « *Maintenant, je te pardonne* ».

J'avoue que, sur le coup, cela me semble un peu farfelu. J'ai du mal à croire que cela puisse être efficace. Néanmoins, l'idée me plaît, car je sais que le sentiment d'abandon que je porte en moi depuis toujours m'empêche de construire une vie sentimentale stable.

Sitôt rentrée chez moi, je suis donc ses consignes. Face à moi, la chaise sur laquelle mon père est assis. Je lui déverse tout ce que j'aurais dû lui dire plus tôt. Evidemment, je pleure. J'ai des difficultés à articuler la phrase qui clôturera ce moment « *Je te pardonne* ». J'ai du mal à le dire, car d'une part, cela signifie la fin de ce moment imaginaire privilégié avec mon père, et d'autre part, même si le temps est passé, je ne sais pas encore si je suis prête à le pardonner. Malgré tout, je prononce ces quelques mots... et c'est comme si les chaînes que je portais depuis des années s'envolaient. Je me sens plus légère. J'ai l'impression que le sujet est clos.

Cette medium me confiera tout un tas d'autres choses, qui me blufferont par leur exactitude, et me laisseront l'impression qu'il existe bel et bien quelque chose après la mort, malgré toutes les zones d'ombres qu'il existe à ce sujet.

Concernant mon idylle naissante, elle me confiera, avec un petit sourire malicieux « *Vous ferez un petit bout de chemin ensemble* ». Elle savait déjà que cette relation était vouée à l'échec, mais elle s'était bien gardée de s'étendre sur le sujet.

Et en effet, alors que quelques mois passent, les crises de jalousie se font de plus en plus fréquentes, et la violence des mots prennent chaque fois un peu plus d'intensité. Je décide donc, difficilement mais résolument, de mettre un terme à cette relation. Il me faudra près d'une année pour m'en remettre.

Sur le chemin du bonheur véritable

Nous sommes en décembre 2012. Depuis la fin de l'été, j'ai quitté mon appartement douillet de Lille, car je n'arrivais plus à en assumer le loyer, qui avait augmenté au fil des années. J'ai choisi d'emménager en banlieue lilloise. J'ai été charmée par un appartement en rez-de-jardin, dans une résidence neuve, et dont le loyer me semblait plus correct.

Les mois passent, et je suis quelque peu isolée dans cet endroit. Le métro se trouve à une vingtaine de minutes à pieds, et je dois ensuite remonter une bonne quinzaine de stations pour arriver en centre-ville de Lille. En journée, cela ne pose pas de souci, mais évidemment, dans ces conditions, mes virées nocturnes sont quasi inexistantes. Je n'ai plus de voiture, car je l'ai revendue pour réduire mes dépenses. Je me sens loin de tout.

Heureusement, depuis un an et demi, j'ai repris le chemin de la formation, tout en conservant mon poste d'assistante. En effet, un poste de cadre pédagogique au sein de ma structure professionnelle va bientôt se libérer. Cela fait presque quatre ans que mon directeur m'a promis que ce job serait pour moi. Quatre longues années qui m'ont permis de tenir bon à un poste qui ne m'intéressait pas. Et pour que je puisse occuper au mieux mes futures fonctions, mon directeur m'a proposé de reprendre mes études, ce que j'ai accepté. Je mène donc de front mon travail au bureau, et ma formation en Master. Les amis que je me fais à l'université me permettent de conserver cette dynamique qui m'est chère.

Sur un plan sentimental, c'est le désert total. Loin de tout, je sors moins qu'avant, et surtout, il m'a fallu du temps pour me remettre de mon histoire précédente. Néanmoins, je sens que je suis prête, pour la première fois de ma vie, à vivre une histoire sérieuse, de façon sereine.

Mais le temps me semble long. Des amis me suggèrent d'essayer les sites de rencontres, mais cela ne me dit rien. Cependant, les semaines passent, et en ce mois de décembre, je suis à Lille, et prends un thé avec une amie. Elle finit de me convaincre. A peine rentrée chez moi, je m'inscris sur un site de rencontres. Et très vite, j'enchaîne les rendez-vous. En quelques semaines, je rencontre quatre ou cinq hommes sympathiques, mais avec lesquels la relation, pour moi, s'apparente davantage à du copinage qu'à une idylle naissante.

Puis, le grand amour finira par frapper à ma porte. Nous sommes le 9 mars 2013. J'ai rendez-vous en fin d'après-midi avec un homme rencontré sur ce site. La journée se passe, et plus les heures défilent, moins j'ai l'envie de m'y rendre. Il bruine, le temps est morose. Il fait doux, mais une chape de plomb pèse au-dessus de nos têtes. Tout est gris. Un vrai temps d'automne en ce début du mois de mars…

Comme je suis quelqu'un qui tient parole, je me fais violence et me rends au rendez-vous que nous nous sommes fixés.

J'entre dans ce bar que je ne connais pas, et je l'aperçois immédiatement. Sans hésitation, je m'avance vers lui, avec cette impression que je le connais depuis toujours. Je ne me présente même pas, je lui dis simplement bonjour, et lui demande comment il va. Il se présente, et me répond « *Enchanté* ». Intérieurement, je me reprends et me dis que c'est en effet ce qu'on dit lorsqu'on ne connaît pas la personne que l'on a en face de soi. Mais pour moi, c'est différent, c'est comme si je le connaissais depuis des siècles ! Il ne s'agit pas du tout d'un coup de foudre amoureux, mais plutôt d'une évidence absolue.

Les quelques heures passées ensemble ce soir-là finiront de me convaincre d'une seule chose : je viens de trouver l'homme de ma vie. Mon intuition est immense, je n'ai pas besoin d'intellectualiser ce qu'il vient de se passer. Je SAIS, c'est tout.

Six mois se passent, et notre relation s'intensifie, se renforce. Naturellement, nous emménageons ensemble. Aucune question ne se pose, tout est d'un naturel et d'une évidence limpide.

Nous louons une jolie maison située à proximité du Vieux Lille. Les bonheurs sont doux et simples. J'apprivoise doucement la vie à deux, moi qui ne l'ai jamais connue. Et cette nouvelle vie est merveilleuse. Nous profitons du temps que nous avons ensemble, nous allons au restaurant, au cinéma, nous voyons nos amis, nous sortons faire la fête.

Et c'est à ce moment qu'un coup de théâtre va venir m'ébranler. Nous sommes en août 2013. Il est presque 21h. Nous sommes tranquillement installés devant la télévision. Mon téléphone sonne, je constate qu'il s'agit de ma sœur. Je suis assez surprise de l'heure tardive de son appel, car ce n'est pas dans ses habitudes. Mon sixième sens me dit qu'il y a un problème. Je décroche… et j'ai du mal à comprendre la nouvelle qu'elle vient de me donner. Comme si ses phrases étaient une suite de mots qui se perdaient dans mon esprit. Comme si je venais de me prendre un énorme coup sur la tête… Mon père est décédé. C'est un choc. Je m'effondre.

Ma réaction peut sembler assez curieuse, car il s'agit d'un homme que je n'ai quasiment pas connu, qui m'a abandonnée, qui a enchainé les escroqueries et délits en tous genres… Je ne devrais pas être affectée par cette disparition. Et pourtant, cela me touche. Je pense, qu'au fond de moi, j'ai toujours espéré le revoir, pour avoir une explication, et entendre de sa bouche que, malgré tout ce qu'il s'était passé, il pensait toujours à moi. Je sais maintenant que c'est une discussion que nous n'aurons jamais.

C'est la sœur de mon père, notre tante donc, qui a retrouvé la trace de ma sœur. C'est une dame que je connais à peine, puisque je ne l'ai plus jamais revue depuis la disparition de mon père. J'imagine qu'elle a contacté ma sœur pour que nous puissions, mon frère, ma sœur et moi, si nous le souhaitons, assister à l'enterrement de notre père…

Jolie illusion ! Cela fait en réalité deux semaines que notre père est décédé. Elle nous contacte tout simplement car il manque quelques centaines d'euros pour finir de payer les frais liés à l'enterrement !

Je suis dans une rage folle ! Cette tante que je ne connais pas, n'a jamais pris la peine de chercher à nous connaître, et vient nous réclamer de l'argent pour l'enterrement de son frère ! Je rejoins tout à fait la réflexion de mon conjoint qui, outré par ce comportement, s'est exclamé à ce moment-là *« Quelle famille de rats ! »*.

Evidemment, mon frère, ma sœur et moi, refusons de payer quelque euro que ce soit, et nous faisons rapidement les démarches de renonciation à succession. Nous imaginons aisément qu'au vu de la vie qu'il a eue, mon père doit être criblé de dettes. Nous ne saurons d'ailleurs jamais ce qu'il en est réellement.

Une fois ce drame passé, la vie reprend son cours, doucement. Je suis tout de même assez intriguée par la synchronicité de ces évènements. Mon installation avec l'homme de ma vie, et la mort de mon père. Comme si l'un s'effaçait pour mieux laisser sa place à l'autre.

Bref, la vie recommence, et se remet doucement en place. Tout va plutôt bien... excepté sur un plan financier. Mon conjoint porte d'anciennes dettes qui pèsent lourd dans le budget familial. Les fins de mois sont difficiles. Nous essayons de trouver des solutions, mais elles ne se bousculent pas. Puis un soir, je regarde un reportage qui parle d'un site permettant à des personnes de vendre leurs créations via Internet. Cela m'intéresse. Je ne sais pas vraiment quels produits je pourrais proposer, mais je sens que je pourrai faire quelque chose dans ce domaine. Je ressens le besoin de créer des choses de mes propres mains. Et le fait de pouvoir arrondir nos fins de mois grâce à cette nouvelle activité serait formidable.

Portée par le soutien de mon conjoint, je me lance dans l'aventure, et décide d'apprendre à confectionner des bijoux. J'avance à tâtons, je passe des heures à regarder des tutoriels sur Internet. Je fais des dizaines d'essais ratés, et recommence encore et encore... Je passe des soirées entières dans l'espace que je me suis aménagé. L'enthousiasme est présent et me porte. Après huit heures de travail au bureau, j'attends ce moment où je pourrai m'adonner à ma nouvelle passion. Peu à peu, j'affine ma technique. Et les premiers résultats sont là. Je suis encore un peu maladroite, certains ouvrages ne sont pas d'une grande qualité, mais je sens que je suis sur la bonne voie.

Je franchis le pas, et présente quelques-unes de mes créations à mes amis. Ils sont unanimes, le résultat est joli, je peux me lancer ! Ce que je fais. J'ouvre une boutique en ligne grâce à laquelle je vends mes propres bijoux. Je rencontre un petit succès. Les recettes ne sont pas énormes, mais nous permettent de nous en sortir un peu mieux. Ce nouvel élan créatif me donne des ailes.

Quelques mois plus tard, un autre grand défi m'attend : ma nouvelle prise de fonctions au sein du centre de formation pour lequel je travaille. Je deviens Coordinatrice pédagogique.

Nous sommes en avril 2014. Après cinq ans d'attente interminable, j'y suis enfin ! Et je suis heureuse... oui... enfin... je crois. En fait, je le suis, car ce nouveau poste me permet d'échapper au poste d'assistante que j'occupais. Il m'étouffait tellement que je n'étais plus sûre de pouvoir le tenir très longtemps. Alors, je prends mes nouvelles fonctions en clamant ma joie haut et fort.

156

Les premiers mois sont plutôt exaltants. Des projets à mettre en place, des équipes à rencontrer, à manager, des personnes à accompagner... J'occupe en fait trois fonctions distinctes : je coordonne et j'anime en partie une formation préparant au CAP Petite Enfance, un module préparatoire à un concours d'entrée en formation, et j'accompagne des personnes engagées dans une démarche de VAE (Validation des Acquis d'Expérience, dispositif dont je prendrai la responsabilité deux ans plus tard).

Vient donc le temps de ma première rentrée. Septembre 2014. Une nouvelle promotion, avec laquelle je vais pouvoir poser les bases. J'ai moi-même effectué les entretiens de sélection à l'entrée de cette formation. Je connais donc les quelques vingt-cinq personnes présentes ce jour-là. Et mon instinct me dit que cela ne sera pas facile avec certaines d'entre elles. Mais ce n'est pas le moment de penser à cela. Tout doit être parfait en ce premier jour, de façon à faire bonne impression, et transmettre des valeurs solides d'entraide et de respect, sur lesquelles je pourrai m'appuyer avec eux toute l'année. Le jour de la rentrée arrive... et il se passe on ne peut mieux ! Il faut dire que je le prépare depuis longtemps.

En ce premier mercredi de septembre, je rentre chez moi complètement épuisée, et m'endors sur le canapé, satisfaite de mon travail. Il est vrai que depuis quelques jours, je suis très fatiguée, mais je sais que je me suis donnée corps et âme pour préparer cette rentrée. Mon état de fatigue me semble donc normal.

Une nouvelle vie à trois

La fatigue de ces derniers jours ne m'a pas mis la puce à l'oreille. Cela fait quelques semaines à peine que j'ai arrêté la pilule, car nous avons pris la grande décision d'agrandir le foyer.

Pourtant, je suis réaliste : j'ai trente-trois ans, mon conjoint en a quarante. Il est très probable que je mette du temps à tomber enceinte. Les rumeurs que j'entends n'arrangent rien : « *Oh, quand on prend la pilule depuis des années* (cela fait plus de dix ans que je la prends), *on a plus de difficulté à tomber enceinte* », « *Ah, mais si ta mère a eu du mal à tomber enceinte, c'est héréditaire il paraît, ça va être long pour toi aussi* »...
Cependant, ces propos ne me découragent pas. Je ne suis pas pressée. Je viens tout juste de prendre de nouvelles fonctions au bureau. Il serait sûrement mal vu que je tombe enceinte. Si cela tarde un peu à arriver, ce n'est pas plus mal ! J'ai tout mon temps.

Et pourtant, tout va aller très vite. Quelques semaines seulement après avoir arrêté la pilule, je suis enceinte ! La nouvelle est tellement brutale que j'ai presque du mal à l'accepter. Mon conjoint se veut rassurant « *Ne t'inquiète pas, ça va bien se passer* ». Personnellement, j'oscille entre joie et peur. On y est. Je m'aperçois que finalement, je n'avais pas du tout envisagé que cela puisse être si rapide. Et je suis terrorisée.

Au fil des heures, je me remets finalement doucement de mes émotions, et au fur et à mesure des jours, je digère l'information, je la conscientise. Je vais avoir un bébé. Et je suis heureuse. J'ai envie de crier la nouvelle sur tous les toits. Lorsque j'arrive au bureau le lundi suivant, j'ai l'impression qu'il est écrit sur mon front que je suis enceinte.

Très vite, je réalise que cet événement va me permettre de ne pas aller au bout de l'année scolaire débutée avec mes stagiaires en formation de CAP, puisque mon congé maternité doit débuter en avril 2015. Bien malgré moi, cela me met en joie. En effet, les premiers jours avec cette promotion sont plutôt exaltants, mais rapidement, je me rends compte que la gestion de cette formation est, pour moi, la fonction que j'ai le plus de mal à tenir. Et c'est celle qui occupe la moitié de mon temps.

Il s'agit d'un public fragile. Cela n'est pas pour moi une difficulté en soi. Je connais bien les problématiques sociales, pour les avoir vécues moi-même étant enfant puis adolescente. Mais cela m'affecte... un peu ... parfois trop.

Et puis il y a ceux que l'on entend se plaindre... un peu... parfois trop. En fait, on entend quasiment que ceux-là, ceux qui critiquent et qui vous laissent entendre que vous ne faites pas votre travail correctement. Il y a aussi ceux qui essaient de franchir les limites, et qu'il faut recadrer, en essayant de comprendre leurs intentions. Je le fais... une fois... deux fois... trois fois... je n'aime pas ça. J'ai l'impression de faire la police. Et puis il y a les problèmes du quotidien à gérer. Untel n'est pas venu en stage sans prévenir de son absence, le lieu de stage n'est pas content. Untel a eu un comportement désinvolte en cours, il faudra le recevoir en entretien. Tel formateur a utilisé un marqueur indélébile pour écrire sur le tableau blanc, c'est moi qu'on vient chercher... J'ai l'impression que mon quotidien est une succession de problèmes à gérer.

Malgré moi, je m'inquiète de l'image que je renvoie auprès de ces stagiaires de la formation. Est-ce qu'ils m'apprécient ? Erreur de débutante... le pire, c'est qu'on m'avait prévenue : « *Tu n'es pas là pour être appréciée* ».

Les mois passent, et ma grossesse se passe bien, mais mon quotidien me pèse. Je n'aime pas être enceinte... j'ai la nausée en permanence, du moins pendant les quatre premiers mois, je suis fatiguée tout le temps, j'ai l'impression de perdre la main sur mon corps. Je n'étais pas préparée à cela. J'ai toujours idéalisé la grossesse : *« cette période magnifique où l'on sent la vie grandir en soi... »*. Je suis certaine que cette période est magnifique pour beaucoup d'autres femmes, mais pas pour moi.

Alors bien sûr, il n'y pas que du négatif : sentir bébé bouger, voir son ventre s'arrondir, entendre son cœur battre pour la première fois... Il y a des moments magiques. Mais au quotidien, je ne suis pas la femme enceinte épanouie que j'avais imaginé pouvoir être. Je suis même un peu perdue... il faut tout préparer pour la naissance de bébé. Mais que faut-il acheter exactement ? Je n'y connais absolument rien. Je n'ai jamais fait de baby-sitting, car je ne me suis jamais sentie à l'aise avec les enfants. Je ne sais pas faire un biberon, changer une couche, donner un bain... Alors, en plus, savoir tout ce qu'il faut acheter pour la naissance de bébé ?!... C'est un peu trop.

Finalement, je décide de faire un premier achat, et au fur et à mesure que la chambre de bébé prend forme, je commence à envisager plus sereinement les préparatifs.

Et c'est ainsi que neuf mois plus tard, en mai 2015, Maud voit le jour. Toute personne qui est devenue parent comprend bien sûr le tourbillon, l'ouragan émotionnel engendré par un tel événement. Ma vie ne sera plus jamais comme avant. J'avais beau l'avoir imaginé mille fois, le vivre est encore plus fort que tout ce que j'avais pu envisager.

Et cette naissance remue en moi d'autres choses... Mes rapports avec ma mère notamment. Je crains de développer avec ma fille les mêmes rapports que ceux que j'ai entretenus avec ma mère. Même si je sais que je suis à mille lieux de ressembler à ma mère, cela me fait peur. J'y pense... de temps en temps... souvent.

Je vois encore ma mère de temps à autre, lors des réunions de famille notamment. A la naissance de ma fille, j'envisage de faire des efforts pour la voir un peu plus souvent, afin de lui permettre de connaître sa petite-fille. Malheureusement, les mois qui suivront, ma mère connaîtra encore de nombreux problèmes de santé, qui la cloueront au lit, et ne lui permettront pas de nous voir.

Puis, peu à peu, elle développera une maladie des poumons. Quelques mois plus tard, nous découvrirons qu'il s'agit de quelque chose de bien plus grave…

Mais d'autres choses viennent me remuer. Physiquement d'abord, j'éprouve le besoin intense de me libérer d'un poids, sans pouvoir réellement l'analyser. Ainsi, quelques semaines après la naissance de ma fille, je prends rendez-vous chez le coiffeur, et je me coupe les cheveux courts… très courts… trop courts d'ailleurs. Mais c'est ainsi. J'en avais besoin.

Et c'est durant mon congé maternité que naît comme une envie d'ailleurs. Je me sens presque enfermée dans ma région. Cette métropole lilloise qui m'a vue grandir, et dans laquelle j'évolue encore aujourd'hui. J'en connais les moindres recoins, je connais par cœur ses lignes de métro et de bus. Je m'y perds régulièrement pour mieux m'y retrouver encore et encore.

J'aime la ville de Lille, et pourtant, j'y étouffe. Je suffoque à l'idée d'y finir ma carrière professionnelle… ou pire, ma vie. J'en parle avec mon conjoint, même si, à cette époque, je suis réaliste et je sais qu'avec un nouveau-né dans les bras, les déménagements lointains sont plus difficilement envisageables. Par ailleurs, mon conjoint travaille dans le domaine du son, et c'est un milieu professionnel dans lequel on ne trouve pas facilement d'emploi. Il est en CDI. Il a de la chance. Point barre. Alors il est vrai que lui non plus, qui n'est pas de la région, ne se voit pas finir ses jours à Lille, mais dans l'immédiat, cela semble compliqué de partir loin.

La lecture de l'un de mes magazines favoris me fait découvrir la Suède. Un joli pays dans lequel on se croirait presque au pays des Bisounours... un endroit où il semble faire bon vivre. Je m'y projette... en rêve... Mon conjoint me dit que j'ai certainement besoin de vacances. Il est vrai que nous ne sommes pas partis en vacances récemment, faute d'argent, et étant en congé maternité, je reste toute la journée à la maison, ou dans les parcs alentours, pour m'occuper de ma fille. J'étouffe. Il pense que de simples vacances suffiront à me faire aller mieux.

Je me plais à y croire, et de toute façon, rapidement, je n'ai plus le loisir d'y penser, puisque l'heure de la reprise du travail a sonné.

Tourner définitivement la page du passé

Nous sommes en septembre 2015. Je reprends le travail en accueillant une nouvelle promotion de stagiaires préparant le CAP Petite Enfance. J'essaye de faire face. Je me dis qu'avec ce nouveau groupe, je serai plus stricte, je poserai fermement les règles dès le départ. Ce que je fais... Même si cela ne me ressemble pas. Cela fonctionne... un peu... quelques mois tout au plus. Mais les situations conflictuelles refont surface. En apparence, je gère. Mes responsables sont contents de mon travail, ils me le font savoir.

De mon côté, je ne me sens pas à la hauteur. Je demande alors à mon directeur la possibilité de suivre une formation de quelques jours pour apprendre à gérer les situations conflictuelles. Il refuse... Il estime que, quand une telle situation se produit, je peux aller en parler à la responsable de mon service. Seulement, je le fais déjà. Cela m'aide, certes, à me décharger émotionnellement. Mais j'ai besoin de plus, j'ai besoin d'outils pour gérer le conflit. Malgré mes arguments, je n'obtiens pas gain de cause. L'année scolaire se termine. Durant les derniers mois, l'une des stagiaires de la formation semble m'avoir prise en grippe. Elle s'acharne en multipliant les provocations. Je garde la tête haute, mais au fond de moi, je souffre, je me sens attaquée, humiliée. Et je suis démunie, je me sens perdue. Mais je souris... c'est ma plus grande arme. Quoi qu'il arrive, en société, je souris. Je vais bien, rien ne m'atteint. Et heureusement, quelques sympathiques personnes que j'accompagne, ainsi que mes collègues, me permettent de garder le sourire.

A la maison, tout va bien, même si les nuits sont courtes, car ma fille a le sommeil perturbé. Nous sommes de jeunes parents fatigués, mais heureux.

Fin 2015, nous devons néanmoins prendre une décision difficile, celle de déménager. En effet, notre location actuelle près du Vieux-Lille nous coûte trop cher. Depuis la naissance de Maud, nous n'arrivons plus à faire face, entre les frais de crèche, l'achat des couches, des poudres de lait, des articles de puériculture, et autres joyeusetés liées à l'arrivée d'un enfant.

A contrecœur, nous décidons de déménager, car nous savons que le loyer que nous payons actuellement est excessif, et c'est la seule marge de manœuvre sur laquelle nous pouvons agir. En avril 2016, voilà que nous emménageons à la frontière belge, seul endroit que nous avons trouvé qui correspond à notre petit budget, et qui nous permet de conserver le luxe d'avoir une maison.

Entre temps, en décembre 2015, j'ai appris que la maladie développée par ma mère est en fait un cancer de la plèvre. Je ne peux pas dire quelle émotion exacte cette nouvelle suscite en moi. C'est comme si je m'y attendais. Ma mère a souvent dit qu'elle finirait par développer un cancer. Je pense qu'elle s'en est tellement persuadée que cela a fini par arriver. Ainsi, je ne suis presque pas étonnée. Quelques recherches rapides sur Internet me permettent de comprendre que cela est grave, et qu'elle a peu de chance de s'en sortir. Le cancer de la plèvre est souvent fatal. Le décès risque d'être rapide... quelques mois, tout au plus. Je décide alors de faire un pas vers elle, et je vais la voir régulièrement à l'hôpital.

Mais j'ai l'impression de me retrouver comme à l'époque où nous avions dû la placer à l'EPSM. Je n'ai rien à lui dire, je ne sais pas vraiment ce que je fais là. J'ai l'impression de me forcer à être avenante avec elle, pour me donner bonne conscience. Et j'ai la sensation de ne plus respirer, de ne plus vivre. J'appréhende les mois qui risquent d'arriver. C'est alors qu'un événement vient bouleverser l'ordre des choses.

Alors que je suis dans sa chambre d'hôpital, et que ma mère me demande comment je vis tout cela, je suis honnête avec elle, et lui dis que je m'y attendais presque, car elle a toujours dit qu'elle mourrait d'un cancer. Cette phrase semble la mettre hors d'elle-même, et elle commence à débiter tout un tas de méchancetés que je n'ai pas retenues, tant le choc fut important. L'espace d'un instant, son visage fut déformé par la colère.

A ce moment, ma décision fut prise. Je quittais la chambre d'hôpital en sachant que je ne reviendrai jamais. C'en était trop pour moi, je n'arriverai pas à assumer la suite.

Evidemment, je suis consciente que cela peut sembler d'une horreur infinie pour ceux qui ont fait le choix de rester auprès de leurs parents, quoi qu'il arrive. Mais avec le recul, et même si la culpabilité fut grande, j'ai pris conscience que je n'aurais, de toute façon, pas eu la force d'en faire plus. J'étais arrivée au bout de ce que je pouvais donner. C'est ainsi que ma mère décéda début juin 2016, sans que je sois à ses côtés.

Néanmoins, je pense que le lien si fort qui nous unissait, même s'il ne fut pas forcément le bon, me permit d'être connectée à elle dans ses dernières heures. En effet, dans le mois qui précéda son décès, je fus prise d'une faible fièvre quotidienne, persistante, et fatigante. J'allais une première fois consulter mon médecin, qui ne décela rien de particulier. Au bout de la troisième consultation pour le même motif, et des analyses de sang, il me fit faire des examens plus approfondis, qui ne révélèrent rien. Le jour de la mort de ma mère, et n'ayant aucune idée de ce qu'elle était en train de vivre, je fus prise d'une forte fièvre.

Nous sommes le dimanche 5 juin 2016. C'est la fin d'après-midi. A l'heure du déjeuner, nous avons reçu une amie à manger. Tout s'est bien passé, même si je n'étais pas tellement en forme. Après son départ, je sens que la fièvre monte d'un cran, voire plus. Tremblante, j'indique à mon conjoint que je pars m'allonger. Et tandis que je me couche, la fièvre monte de plus en plus. En début de soirée, sans savoir pourquoi, et tandis que je suis au plus mal, je me mets à pleurer, sans pouvoir retenir mes larmes. Je suis bien embêtée, car j'ai peur que mon conjoint entre dans la chambre, et me voit dans cet état. Le problème, c'est que je ne sais pas du tout pourquoi je suis en train de pleurer.

Ce que j'apprendrai le lendemain, c'est que c'est à cette heure exacte que ma mère est décédée. Et c'est aussi le lendemain que mes symptômes s'arrêteront définitivement. Tout était fini.

Je dois avouer que l'annonce de son décès a provoqué chez moi un énorme soulagement. Je me suis aussitôt dit qu'elle ne souffrirait plus jamais. Et je ne parle pas seulement des douleurs physiques qui ont été présentes durant sa fin de vie, mais de toutes les douleurs psychologiques qu'elle s'infligeait depuis toujours. J'ai su à cet instant que plus jamais elle n'aurait à supporter ces souffrances, et cela m'a fait un bien immense. Evidemment, le soufflé est ensuite retombé, et mon deuil a été difficile, d'autant plus quand certains membres de votre famille vous reprochent à demi-mots votre comportement, sans même connaître la moitié de votre histoire.

Alors voilà, nous sommes en juin 2016. L'année scolaire touche à sa fin, je souffle un peu. Je récupère peu à peu mes esprits après le décès de ma mère. Je peux me concentrer sur ce qui va bien dans mon job et que j'apprécie... l'accompagnement à la VAE. Ces rendez-vous sont comme des bulles d'oxygène pour moi. Aider ces personnes à avancer et à mettre en lumière leurs compétences me fait un bien fou. J'ai l'impression d'être utile, et c'est ce que ces personnes me renvoient. Elles me le disent. Même si je suis parfaitement consciente que leurs compétences leur appartiennent, j'ai le sentiment de contribuer quelque peu à leur réussite. Et cela me fait du bien. Elles sont (presque) toutes motivées, elles veulent y arriver. Moi, je marche à côté d'elles, je les soutiens, je les aide à révéler le meilleur d'elles-mêmes. Et j'assiste parfois à de belles (re)naissances.

Je prépare aussi mes cours pour le Module Préparatoire au concours. J'aime animer des formations, mais je ne suis pas sûre d'être la mieux placée pour faire ce que l'on me demande dans ce cadre, à savoir, entre-autre, former à la méthodologie de la dissertation. La collègue que j'ai remplacée sur ce poste était une ancienne professeure de français. Je l'estimais tout à fait légitime dans ces fonctions… moi, beaucoup moins. Certes, j'ai des facilités à écrire, mais est-ce suffisant ? Pourtant, les résultats sont bons. Les personnes qui ont suivi le module préparatoire obtiennent de meilleurs résultats au concours…

Alors voilà, tous ces éléments se bousculent dans ma tête, et je me questionne… Dans trois mois, je vais réattaquer pour une nouvelle année scolaire. En ai-je envie ? Non… j'essaye de me convaincre que cela va bien se passer. Ce sera ma troisième année dans ce poste. La deuxième a été plus concluante que la première, cela ne peut qu'aller de mieux en mieux. Et puis je ne vais quand même pas me plaindre alors que j'ai attendu ce poste si longtemps ! Je ne vais quand même pas me plaindre alors que j'ai un poste de cadre ! Je ne vais quand même pas me plaindre après tout ce que j'ai vécu dans ma (courte) vie ! J'ai l'impression de réagir comme une petite fille gâtée… J'ai tellement attendu mon cadeau de Noël que je n'en veux plus. A la maison, je me plains souvent quand je rentre du travail. Mon conjoint me dit que ça va aller, il essaye de me rassurer. Il me dit aussi qu'on n'a pas à se plaindre. Il me sort la carte du « *Il y a bien pire que nous, et tu le sais* ». Oui, je le sais… Il a sûrement raison…

Au-delà de ces considérations, je commence à suffoquer par ailleurs… La région dans laquelle j'ai grandi me paraît à nouveau étouffante. Mes envies d'ailleurs reviennent en force. Même si j'aime la région lilloise, je rêve de voir autre chose. J'en parle à mon conjoint. Il n'est pas contre, mais nous venons tout juste d'emménager à la frontière belge. Il est un peu tôt pour envisager de

174

déménager à nouveau. Mais nous retenons l'idée, et c'est quelque chose que nous commençons à évoquer régulièrement.

Les idées se bousculent toujours dans ma tête, et je commence à me demander si je ne chercherais pas du travail ailleurs. Déjà huit ans que je travaille dans ce centre de formation, et peut-être que mon épuisement professionnel vient de là. Le changement, je sais que cela a du bon. Cela permet d'insuffler une énergie nouvelle, de développer sa créativité. Cela donne l'impression de revivre. Je regarde vaguement les offres d'emploi sur internet. Je ne sais pas bien quel poste que je cherche d'ailleurs.

De son côté, mon conjoint tourne en rond dans son job, mais il relativise. Il travaille dans le domaine du son, et il sait que les places sont chères. S'il quittait son poste, il y a de fortes chances pour que nous devions déménager assez loin. J'avoue que l'idée ne me déplaît pas. Mais c'est avant tout lui que cela regarde, il s'agit de son travail. Je ne vais pas le pousser vers la sortie.

C'est alors qu'un coup de théâtre arrive sans qu'on l'ait anticipé... Il se fait démarcher par une grande école sur Paris. Tout va très vite. On est d'accord pour dire que c'est une chance inespérée, le job est intéressant, bien payé, et lui laisse du temps pour développer d'autres activités s'il le souhaite. Il accepte l'offre.

Le comble dans l'histoire, c'est qu'il va finalement exercer la même activité que moi, en tant que responsable pédagogique ! Cela me fait sourire. D'un côté, je l'envie, car il quitte son job pour un nouveau départ. Et de l'autre, je me dis qu'il va se retrouver face aux difficultés que j'affronte en ce moment. Peut-être sera-t-il plus à la hauteur que moi...

Dans le même temps, je réalise que mes projets de changement d'emploi risquent d'être reportés... Je ne vais pas quitter mon job alors qu'il vient de quitter le sien. Je me remotive, je me prépare à une nouvelle année scolaire... je me convaincs que cela va bien se passer. L'avantage que j'ai, c'est que je travaille avec des collègues que j'apprécie, c'est une force. C'est ce qui m'aide à tenir. Mais le quotidien me rattrape. L'assistante de mon service, qui ne se plaît plus dans son job, m'annonce, toute excitée, qu'elle a trouvé le poste de ses rêves, et qu'elle part dans quelques semaines... D'autres connaissances lointaines évoquent de nouveaux projets professionnels. Je suis contente pour eux... et triste pour moi... C'est plus fort que moi, je les envie.

Le besoin de changer d'air me poursuit. J'en reparle à mon conjoint et, contre toute attente, il est partant ! Nous ne savons pas encore où nous pourrions nous installer, mais l'idée fait mouche, et nous commençons à nous projeter.

Plusieurs éléments nous orientent finalement vers la ville de Nantes. Pour tout un tas de raisons, c'est finalement sur cet endroit que nous jetons notre dévolu. Et même si mon conjoint va être amené à se rendre régulièrement à Paris pour sa nouvelle activité professionnelle, nous sommes convaincus que les deux petites heures de TGV qui séparent Nantes de Paris ne sont pas insurmontables.

Je commence à me sentir mieux. J'ai un objectif en tête. Je ne sais pas quand je vais l'atteindre, mais il est fixé... trouver un job à Nantes, et déménager. Mais à nouveau, la question se pose quand je consulte les offres d'emploi... qu'ai-je réellement envie de faire ? J'effectue des recherches d'emploi sur Internet. Je les oriente davantage dans le monde de la formation liée à la petite enfance, puisque cela fait plus de huit ans que j'y travaille.

A côté de mon emploi, j'ai d'autres passions. Je suis une femme créative, sensible, émotive, avec une vie intérieure très riche. J'ai toujours ma boutique de bijoux en ligne, même si le temps que j'y consacre est très restreint depuis la naissance de ma fille. La question me traverse l'esprit... pourrais-je vivre de la création et de la vente de mes bijoux ?... Après un rapide calcul, je me rends compte que c'est peu probable. Il s'agit d'une activité qui peut constituer un complément de revenus, sans plus.

Dans mon exploration du champ des possibles, j'essaye de tout balayer... Qu'est-ce que j'aime ? Je tente de réfléchir à tout cela sans en parler à mon conjoint, je ne veux pas l'effrayer. Il est bien plus rassurant d'avoir à ses côtés quelqu'un qui trace sa route de façon linéaire, du moins, c'est ce que j'imagine qu'il croit. Alors je me tais, et je réfléchis.

Je me rends compte que j'ai de plus en plus de difficultés à évoluer dans une entreprise. Non pas dans le sens où cela ne se passe pas bien. Au contraire, j'ai d'excellents contacts avec mes collègues et ma hiérarchie. Je sais que je suis appréciée, au-delà de mon travail. Mais j'aspire à autre chose. J'ai envie de me fixer mes propres règles. De faire ce que j'ai envie, quand j'en ai envie. De pouvoir choisir une route qui me convienne. De pouvoir consacrer plus de temps à ma famille... et à moi-même ! Oui, parce qu'il faut le dire, avoir un enfant en bas âge, cela laisse peu de temps pour penser à soi. Alors, égoïstement (ou pas !), je commence à avoir envie de temps pour moi.

Peu à peu, sans oser me l'avouer encore, je développe l'idée de travailler à mon compte.

Un nouveau départ

Nous sommes en octobre 2016. J'ai la chance de suivre une formation qui porte sur les techniques de l'entretien d'explicitation. Cette fois-ci, j'ai eu l'accord de ma direction pour y participer, et je ne vais pas m'en priver !

Pour faire simple, l'entretien d'explicitation[4] permet de déchiffrer la boîte noire des personnes que l'on accompagne, la façon dont elles réfléchissent, dont elles analysent leur environnement, ou une situation de travail, et ce qui leur permet d'agir. Dans mon cas, je cherche à acquérir des techniques de questionnement qui me permettront de mettre plus facilement en évidence les compétences des personnes que j'accompagne dans le cadre du dispositif VAE.

Cette formation va durer quatre jours au total. Ce sera pour moi le début du déclic. J'évolue durant ces quatre jours avec des personnes qui sont toutes des spécialistes de l'accompagnement : dans le champ de l'insertion professionnelle, du bilan de compétences, de la formation... Les échanges sont

---

[4] La technique d'entretien d'explicitation a été élaborée par Pierre Vermersch, psychologue, dans les années 1980.

nombreux, tant durant la formation que durant les temps de pause.

Certains accompagnent des personnes qui sont dans des phases d'élaboration de projet professionnel. Cela me renvoie à ma situation personnelle du moment : je suis un peu perdue, je vais changer de région, et plus j'y réfléchis, plus je me demande quel type d'emploi me conviendrait. Je comprends à travers cette formation bien des choses qui ne sont pas prévues au programme : l'importance de prendre soin de soi, d'écouter ses désirs profonds, de transposer ses réflexions à l'écrit pour mieux les analyser…

Je comprends aussi qu'accompagner quelqu'un, ce n'est pas trouver des solutions pour lui… c'est lui permettre de faire émerger SA solution. Et cela m'apaise. Je me sens moins responsable de l'autre. Je reste évidemment responsable de mes démarches d'accompagnement, mais je ne suis pas responsable de ce qu'en fait la personne que j'accompagne. Et plus que tout, je dois lui faire confiance… chacun sait au fond de lui quelle est la meilleure solution pour lui. Et si cela est valable pour les autres, je me dis que cela doit l'être pour moi aussi. J'ai certainement, au fond de moi, la solution à mon problème.

Les échanges avec les uns et les autres, ainsi que la formation en elle-même me permettent de confirmer que ce qui me plaît, c'est accompagner l'autre, mais pas dans n'importe quel contexte. Pour avoir déjà goûté il y a une dizaine d'années au monde de l'insertion sociale et professionnelle, je sais que cela n'est pas pour moi. J'admire les personnes qui font ce métier, mais il y a trop de choses qui me pèsent et que je ne souhaite plus vivre.

Ce que je veux, c'est accompagner des personnes qui entreprennent une démarche parce qu'elles en ont réellement envie et besoin, parce qu'elles souhaitent faire un travail sur elles-mêmes, car elles ont envie d'avancer... En parallèle, j'ai toujours en tête mon côté créatif, rêveur, et inspiré...

Le matin, le train que je prends pour aller en formation me fait arriver très en avance... Je prends alors du temps pour moi, je m'installe pour boire un café. Et j'écris... tout ce qui me passe par la tête et qui a un lien avec ce que j'aime faire, sans me censurer. Je sens que je suis sur la bonne voie, mais ce n'est pas encore ça.

La formation se termine, et j'ai un petit pincement au cœur. J'ai rencontré des gens formidables qui, sans le savoir, m'ont permis d'avancer sur mes projets, au-delà de ce que j'ai appris par ailleurs durant cette formation. J'aimerais prolonger l'instant... on se dit au revoir en se promettant de se revoir. L'expérience me fait dire que c'est souvent ce que l'on dit... mais rarement ce que l'on fait... J'ai pourtant envie de revoir chacun d'entre eux pour échanger encore et encore.

Nous sommes maintenant fin octobre. Depuis le mois dernier, je sens que mon conjoint fait marche arrière par rapport à notre déménagement. Je le sens de plus en plus frileux à l'idée que nous nous installions à Nantes. Je ne comprends pas pourquoi. Je le questionne subtilement, pour ne pas le brusquer, mais je n'ai pas de réponse. Son discours a complètement changé. Je sens qu'il ne veut plus partir. Je suis à la fois triste et en colère. Je ne comprends pas.

Puis, peu à peu, je me dis qu'il a sûrement raison. Je me souviens de son discours qui disait que nous avions déjà beaucoup de chance. Nous avons un job correct, de bons salaires, une vie de famille agréable. Il ne faut pas toujours chercher à en avoir plus... Encore une fois, je me dis que je dois sûrement en vouloir trop. Je dois arrêter de m'écouter, et me contenter de ce que j'ai. Et puis c'est vrai, que vont dire « les gens » ? *« Oh, mais tu quittes ton poste, alors que tu l'as attendu si longtemps ?! »*. Bref, je suis en train d'éteindre mes désirs profonds, mais je n'en ai pas encore conscience.

Puis le hasard de la vie me permet de renouer des liens avec une personne que je n'ai pas vue depuis un certain temps. Je lui propose de partager un repas ensemble, pour se retrouver un peu. Je ne le sais pas encore, mais ce temps convivial sera décisif pour la suite de mon parcours.

Très vite, et de façon inattendue, le sujet dévie sur mes préoccupations du moment. Je lâche tout, alors que je n'avais vraiment pas prévu de parler de tout ça. J'expose mes envies, mes rêves, mes illusions déçues. J'ai face à moi quelqu'un qui écoute, et qui me questionne... pas pour en savoir plus, mais pour que moi, j'en sache plus ! Je me rends compte que ses techniques de questionnement résonnent en moi... je découvre que je suis en train d'enfouir ce qui compte réellement pour moi. Et rapidement, j'ai les larmes aux yeux. Elle aussi... Je prends conscience que cela fait longtemps qu'on ne m'a pas accordé autant d'attention. J'en suis touchée. Elle me fait comprendre que la vie est faite pour faire ce que l'on aime, pour suivre ses rêves, et qu'il n'est pas question de perdre de temps. Si j'ai envie de tout plaquer et me mettre à mon compte pour faire des bijoux, tirer les cartes, ou accompagner des gens, alors je dois étudier la question. Si j'ai envie de quitter le Nord parce que j'y étouffe, alors je dois tout faire pour y arriver. Elle me fait aussi comprendre qu'il est important que je comprenne pourquoi mon conjoint fait marche arrière par rapport à notre projet de partir sur Nantes. C'est peut-être là que je trouverai la clé du problème.

Puis, à tâtons, elle me parle astrologie. Elle me parle alors d'une astrologue humaniste qu'elle consulte de temps en temps. Je souris, car j'ai justement acheté récemment, totalement par hasard, un livre d'occasion sur l'astrologie, quand bien même, à la base, je pensais que l'astrologie se résumait à l'horoscope.

Elle me dit alors que cette astrologue pourrait m'aider à savoir si, par exemple, c'est le bon moment pour moi de déménager et de me mettre à mon compte. Je suis séduite par l'idée, et plus boostée que jamais !

A peine rentrée chez moi, je contacte cette astrologue, et j'ai rendez-vous le lundi suivant. J'en parle vaguement à mon conjoint. Il ne s'en étonne pas, car il connaît mon goût pour ce genre de choses. Il me dit que si cela peut m'aider, c'est bien.

Quelques jours passent, et je sens que le moment est propice pour discuter de façon sérieuse avec lui. Je me conditionne pour garder mon calme, et ne pas l'influencer dans ses réponses. Je me remémore ce que j'ai appris en formation, mon objectif est de savoir ce qu'il se passe dans sa tête. Je dois rester concentrée.

Cela est finalement plus facile que ce que j'imaginais. Il m'explique très vite qu'il s'est rendu compte que son travail sur Paris était plus prenant que ce qu'il avait cru au départ, et faire la route régulièrement de Nantes vers Paris serait au-dessus de ses forces… « *Si on part sur ce rythme-là, à cinquante ans, je fais un infarctus* ».

Quel soulagement ! Certes, ce n'est pas ce à quoi je m'attendais, mais quel soulagement de savoir qu'il est toujours d'accord pour que l'on bouge ensemble ailleurs ! La destination n'est simplement pas la bonne.

Après une longue discussion et quelques recherches, notre choix s'arrête finalement sur la ville de Compiègne. Je ne suis pas convaincue de ce choix au départ, mais ayant grandi non loin de là, il m'en vante les mérites : une petite ville sympathique, avec des magasins, un centre commercial à proximité, une ville dans laquelle on se sent en sécurité, des ballades à faire tout autour, la forêt juste à côté... Et si je veux bouger davantage, Paris n'est qu'à quarante-cinq minutes en train.

C'est vrai qu'en y réfléchissant bien, et pour y être allée, Compiègne est plutôt une jolie ville, où il fait bon vivre. D'accord... je réfléchis... un peu... pas très longtemps en fait... allons-y !

Le lundi suivant, j'ai rendez-vous avec l'astrologue dont m'a parlé mon amie. Avant que je pose mes questions, elle me détaille mon thème astral. Je suis subjuguée... Je m'y retrouve totalement : un don pour l'accompagnement, la formation, le coaching, pour l'écriture, une facilité de créer des choses avec mes mains... Elle décrit également mon tempérament de façon assez précise, à tel point que cela en est troublant.

Elle me demande si je travaille à mon compte. Surprise ! Elle a tapé dans le mille ! Je lui explique que c'est entre-autre pour cela que je suis venue la voir. Elle me répond que je n'ai aucune hésitation à avoir, que c'est exactement ce qui me correspond. Elle est étonnée que je n'ai pas enclenché la démarche plus tôt.

Notre rencontre dure une bonne heure, durant laquelle elle fera de moi un portrait qui me ressemble. D'un seul coup, le fait d'être face à moi-même me permet de prendre conscience de mon potentiel. Elle n'a d'ailleurs de cesse de me le répéter : j'ai un potentiel énorme, je dois me faire davantage confiance. Si je l'utilise pour mener à bien mon projet, je vais rencontrer beaucoup de succès.

Je sors de ce rendez-vous avec une force que je n'avais jamais ressentie. Pour la première fois de ma vie, je me sens importante, utile, douée pour quelque chose. J'ai l'impression d'avoir une vraie place dans cet univers dont je ne saisis pas toujours bien les contours. Je comprends que j'ai quelque chose à accomplir. Elle m'a permis de comprendre que j'étais douée pour aider les autres. Je peux m'orienter vers ce chemin, il est tracé pour moi.

Quelques jours passent... je prends le temps de laisser reposer tout cela pour être sûre de prendre la bonne décision. Et celle-ci se confirme : fin novembre, je rencontre mes responsables et leur explique que je suis sur le départ. Dans la mesure où ils étaient déjà au courant de ce projet, ils ne sont pas étonnés et sont contents pour moi.

Mais il faut bien l'avouer, à ce stade, je ne sais pas encore vraiment à quoi va ressembler mon futur projet professionnel. Je souhaite aider les autres à trouver leur chemin de vie, celui dans lequel ils vont s'épanouir. Mais cette base de projet n'est pas suffisante. Il me faut aller plus loin.

Trois mois passent entre le moment où j'annonce ma démission et celui de mon départ. Nous avons un tas de choses à organiser : trouver un logement pour notre famille, trouver un mode d'accueil pour notre fille, organiser le déménagement...

Tout cela est très prenant, mais malgré tout, j'ai l'impression que le temps s'écoule au ralenti. Je voudrais déjà y être. Autour de moi, au travail, mon remplacement commence à s'organiser. Les entretiens de recrutement s'enchaînent. Même si j'ai hâte de partir, je ne me rends pas vraiment compte que je tourne une page de ma vie. Bientôt, je vais quitter mes collègues. Ceux avec qui je partage mes journées depuis presque neuf ans.

Les semaines passent lentement... Et vient le jour du départ ! Je l'ai attendu, et j'ai du mal à réaliser que c'est enfin le moment. Je dis au revoir à mes collègues. Ils vont me manquer, c'est certain. Au fond de moi, je sens qu'on se reverra, je ne suis pas inquiète.

Trois jours plus tard, c'est le jour du déménagement. C'est beaucoup de stress, c'est un gros déménagement. Je veille sur ma fille qui, du haut de ses vingt et un mois, va devoir s'adapter à un troisième logement. Je sais qu'elle ne réalise pas que ce départ va lui faire quitter le département qui l'a vue naître. Elle aussi va vivre un grand bouleversement. Une nouvelle maison, une nouvelle ville, un nouveau mode d'accueil...Mais elle est forte, je lui fais confiance.

Nous voilà donc arrivés à Compiègne fin février 2017. Les débuts sont toujours excitants ! Un nouveau quartier, une nouvelle ville, une nouvelle région à découvrir... Je me plais à errer dans cet endroit que je ne connais pas, et qui est si joli. Je sais déjà que je vais m'y sentir bien.

J'aménage ce nouveau « chez nous ». Comme je m'y sens bien ! Notre fille semble aussi apprécier sa nouvelle vie. Elle reste joyeuse et enthousiaste ; elle adore déjà le parc de jeux qui se trouve juste en bas de chez nous. Elle s'habitue aussi doucement à la nouvelle assistante maternelle qui l'accueille au quotidien, ainsi qu'à ses nouveaux petits camarades de jeux.

J'ai l'impression qu'une page blanche m'est offerte, comme un nouveau départ, pour entamer un virage dans ma vie. Tout est possible, il ne suffit que de le vouloir...

Et aujourd'hui...

Après quelques bifurcations sans doute nécessaires à la construction de mon projet, le hasard de mes rencontres et la richesse des échanges que j'ai eu avec les uns et les autres m'ont permis de trouver ma voie : je veux devenir praticienne en hypnose.

Avec cet outil, je reste dans le domaine de l'accompagnement. L'étendue des possibilités liée à l'hypnose est incroyable ! Je découvre chaque jour les nombreuses prouesses réalisées grâce à cet outil : des douleurs atténuées, des addictions envolées, des peurs disparues, de l'estime de soi retrouvée, une qualité de sommeil accrue, etc. La liste est longue, et je m'en étonne chaque fois.

Je suis réellement impatiente de maîtriser au mieux cet outil qu'est l'hypnose pour aider un maximum de personnes. Il est certain que le chemin va être long avant que je ne sois en totale maîtrise de toutes ces connaissances et compétences liées à ce métier. Mais je me fais maintenant confiance. Je suis consciente plus que jamais du chemin que j'ai parcouru. Et je crois que le meilleur reste à venir. J'ai appris que tout était possible, à condition d'y croire, et d'avancer doucement vers son rêve[5].

Aujourd'hui, je suis heureuse plus que jamais. J'ai trouvé un équilibre familial et une sécurité affective que je n'avais jamais eus auparavant, et dont j'ai toujours rêvé. J'ai également défini la voie que je souhaitais suivre sur un plan professionnel, et qui fait écho à mes convictions personnelles : l'échange et la bienveillance envers autrui est source de bonheur partagé. Et quand le bonheur est partagé, il est démultiplié. J'ai aussi compris que pour aider les autres, il fallait prendre soin de soi-même. Et même si certains vieux réflexes refont surface, j'essaye toujours de m'octroyer cette part de bienveillance qui me revient[6].

Evidemment, je suis consciente que des embûches viendront encore parsemer parfois mon parcours, mais elles rendront mes victoires encore plus savoureuses.

---

[5] Pour permettre au plus grand nombre de croire et d'avancer vers leur(s) rêve(s), j'ai créé la page « *Libres de rêver* » sur Facebook. Un espace où tout semble possible...
6 A ce sujet, la méditation de pleine conscience m'a beaucoup aidée.

Et plus que jamais, aujourd'hui, je me sens LIBRE : libre de rêver, de croire, d'espérer, d'avancer, de réussir… Cela ne signifie pas que je n'ai plus jamais peur, mais cette peur ne m'empêche plus de m'accomplir. Car j'ai la sensation qu'à chacun de mes pas, une nouvelle porte s'ouvre, une nouvelle clé m'est offerte, et que, jour après jour, mon bonheur grandit.

Et vous, quel est votre bonheur rêvé ? Celui qui vous fait vibrer, mais vers lequel vous n'êtes pas encore allé ? Et si vous commenciez à le construire MAINTENANT ?

Deuxième partie :

Construire votre bonheur… ou comment avancer vers vos rêves dès maintenant ?

Depuis quelques années, j'ai pris la mesure de mon parcours et j'ai pu en tirer un certain nombre d'apprentissages, que je souhaite partager avec vous. Car après tout, si j'ai su trouver mon bonheur... pourquoi pas vous ?!

C'est pourquoi je vous livre, dans la deuxième partie de cet ouvrage, tous les trucs et astuces que j'ai utilisés et que j'utilise encore au quotidien, qui me permettent d'avancer un peu plus chaque jour vers mes rêves. Il n'y a pas de recette toute faite, à chacun de prendre ce qui est bon pour lui. Néanmoins, il y a un certain nombre de vérités applicables à tout un chacun, que l'on ne prend pas la peine de nous enseigner à l'école, et qui pourtant, pourraient sauver bien des parcours de vie.

Dans un premier temps, je vous soumets mes réflexions, mes outils, les moyens que je mets en œuvre pour avancer, et dans un deuxième temps, je vous propose de les essayer, au travers d'expériences simples à réaliser, et ludiques. En bonus, n'hésitez pas à me demander par mail le kit gratuit de « l'apéro-rêves », une expérience inédite à vivre entre amis !

Croire en soi et faire confiance à la vie

Etre son meilleur ami

Cela peut paraître évident, et pourtant... Combien de fois avez-vous entendu des proches se dévaloriser, vous dire qu'ils n'étaient pas doués pour réussir, qu'ils n'avaient pas la chance que vous avez, qu'ils n'avaient aucun talent particulier... Ou peut-être avez-vous ces réflexions envers vous-même ? Et oui, il faut bien l'avouer, nous ne sommes pas tendres envers nous-même !

Posez vous cette question, juste pour voir : quand, pour la dernière fois, avez-vous été fier de vous ? Quand vous êtes-vous dit *« Là, je suis fier de ce que j'ai fait »* ou *« Je suis fier de mon comportement » ou « Je m'aime tel que je suis, avec mes qualités et mes défauts » ?*

Attention, nul besoin d'entrer dans l'égocentrisme malsain ou le narcissisme extrême ! Le message serait plutôt de s'accepter tel qu'on est, peu importe que l'on soit grand, petit, mince, gros, maigre, fortuné, pauvre, diplômé ou non, etc. Dès lors que notre conscience sait que nous mettons tout en œuvre pour être au mieux chaque jour avec nous-même et avec les autres, alors nous pouvons être fier de qui nous sommes, qu'importe ce que nous n'avons pas encore accompli, ou qu'importe ce que nous pensons manquer à nous-même pour atteindre cette perfection inatteignable.

Avez-vous remarqué comme il est naturel de consoler un proche qui ne va pas bien ? Avez-vous observé comme il est facile de trouver les mots, de le valoriser, de lui présenter toutes les qualités qu'il a en lui, et qu'il ne voit pas ?

Et si, au quotidien, nous étions notre meilleur ami ? Et si, au lieu de nous rabaisser parce que nous avons échoué, ou parce que nous ne nous sentons pas au niveau, nous nous parlions comme à un véritable ami ? Que nous dirions-nous ? Vous allez voir comme tout devient beaucoup plus facile, plus fluide.

La bienveillance s'applique en effet envers les autres, mais elle s'applique aussi envers nous-même. Comment avancer sereinement si nous ne prenons pas soin de nous ? Nous avons tous des raisons d'être fiers de qui nous sommes. Et si vous essayiez, là maintenant, de trouver cinq raisons qui vous poussent à être fier de vous ? fier de votre parcours ?

Bien sûr, il arrive que l'image que nous avons de nous-même ait été déformée par des remarques, des reproches, des boutades, ou simplement des remarques que nous avons trop entendues... On parle parfois de « croyances limitantes ». Il arrive même que cela se fasse sans que l'émetteur du message ait eu l'intention de provoquer cela.

Prenons l'exemple d'un enfant qui aurait manifesté une certaine facilité à faire de l'humour dès sa plus tendre enfance. Ses parents, charmés par ce trait d'esprit, auraient pu n'avoir de cesse de lui répéter qu'il était un vrai petit clown, avec une intention tout à fait positive.

Alors, convaincu de cela, l'enfant continue de tenir ce rôle qu'on lui prête... le clown... puis le bon copain qui fait rire tout le monde... et tandis que les jours passent, il lui arrive de vouloir être pris au sérieux, l'espace d'une soirée, sans que ses amis ne lui réclament sans cesse une autre blague, un autre sketch... Il est fatigué de tenir ce rôle. Mais c'est celui qu'on semble lui avoir attitré. Et c'est celui pour lequel il pense être le plus doué. Alors, il continue, quand bien même il souhaiterait endosser un autre costume. Après tout, c'est dans l'humour qu'il est le plus doué, non ?...

Vraiment ? N'a-t-il pas le droit de s'épanouir dans un autre registre ? Et si nous nous autorisions à être nous-même plutôt que d'être ce que les autres attendent de nous ?

Mais la question est finalement la suivante : avons-nous finalement suffisamment confiance en nous ou d'estime de nous, pour nous autoriser à être nous-même ? La confiance en soi repose sur un schéma bien rodé. Chaque jour, nous expérimentons de nouvelles choses. Chaque expérience que nous considérons comme « réussie » vient renforcer notre estime de nous-même, elle nous valorise. A l'inverse, chaque situation que nous vivons comme un échec nous déstabilise, et nous amène à nous remettre en question, nous faisant perdre de précieux points dans notre échelle de valeur liée à l'estime de nous-même. Et comme l'esprit humain a tendance à se focaliser plus facilement sur ce qui ne fonctionne pas correctement, nous avons tendance à retenir plus facilement nos échecs, et à nous dévaloriser.

Réfléchissez-y… spontanément, vous souvenez-vous de la dernière fois où vous avez été mécontent de vous ? Il y a de fortes chances que oui. A l'inverse, vous souvenez-vous de la dernière fois où vous avez été content de vous ? Si oui, bravo, vous êtes sur la bonne voie ! Si non, il serait peut-être temps de prendre soin de vous.

La confiance que nous avons acquise envers nous-même nous permettra ensuite de croire en nos rêves, nos projets. Car à ce niveau-là, soyons honnêtes, certaines personnes ne sont pas forcément tendres avec nous, dès lors que nous nous autorisons à rêver tout haut. Il n'est pas toujours bien vu de vouloir avancer vers ses rêves. Si votre voisin ou votre collègue pense que vous faîtes mieux que lui, il se met parfois à vous envier, et à maudire secrètement votre réussite. Fort heureusement, à côté de cela, vos vrais amis, ceux qui vous aiment, vous apprécient, et vous connaissent bien, seront généralement les premiers à vous encourager et à vous pousser vers vos rêves. Cela peut aussi vouloir dire qu'ils vous feront part de critiques, d'avis, de conseils, peut-être même qu'ils vous mettront en garde au sujet de choses que vous n'aviez pas envisagées. Mais ils le feront toujours avec bienveillance, et leurs précieuses remarques vous permettront d'avancer un peu plus loin.

Mais quoi qu'il en soit, au départ, s'il n'y a qu'une chose à retenir, c'est de croire en vous et en votre projet. Et à ce sujet, la pensée positive peut vous aider.

⭐ La pensée positive

La première fois que j'ai entendu parler de « pensée positive », cela devait avoir quelque chose à voir avec la méthode Coué, et sa phrase culte : *« Tous les jours, à tous points de vue, je vais de mieux en mieux »*[7]. Traduit dans la vie de tous les jours, j'en avais compris qu'il suffisait que je me répète que mes projets allaient réussir pour qu'ils réussissent. Certes, cela avait retenu mon attention, mais de là à le mettre en application chaque jour…

Finalement, avec le recul, je m'aperçois que j'ai bien souvent appliqué la pensée positive, sans en être consciente. Si je m'en rends compte aujourd'hui, c'est par le biais de ce que les autres me renvoient. Ils disent que je suis toujours partante pour les projets les plus fous, que je dégage de la bonne humeur, que je n'ai pas peur du changement, que j'ose avancer, me lancer… et que, surtout, j'y crois.

---

[7] Coué, E. (2013). La méthode Coué. La maîtrise de soi par l'autosuggestion consciente. Kd'z Edtions

Tandis que la plupart des personnes à qui j'explique que je suis en train d'écrire un livre me regardent en souriant d'un air dubitatif, au fond de moi, je sais que je vais achever l'écriture de ce livre. Et au-delà de cela, je sais qu'il sera publié. En tous cas, je me plais à le croire. Peut-être que mes rêves seront déçus, piétinés, ou que quelques accidents de parcours viendront freiner les échéances. Mais je m'imagine déjà effleurer de mes doigts la jolie couverture de mon futur ouvrage. Je le vois trôner dans les rayons de mon libraire préféré. Je me rêve en train d'en faire une lecture à haute voix, devant un public assoiffé de rêves et empli de bienveillance. Rêve ou future réalité ?... Pour moi, j'en suis sûre, le rêve deviendra réalité. Cela ne signifie pas que je ne rencontre pas des périodes de doutes... Il m'arrive aussi d'avoir peur d'échouer. Mais au fond, qu'est-ce que je risque à essayer ? Rien. Alors, je continue.

Mais revenons à la pensée positive. Qu'est-donc que ce concept ?

Si nous remontons très loin en arrière, nous remarquons qu'il est abordé dans le bouddhisme : « *Nous sommes ce que nous pensons* ». Ainsi, nos pensées auraient une influence sur ce que nous sommes, et par conséquent, sur nos actions, et ce qui en découle.

Ces dernières années, c'est un best-seller, *Le Secret*[8], qui vient remettre ce concept au goût du jour. Le principe qui y est évoqué renvoie à la loi d'attraction : tout ce à quoi vous pensez vous est apporté par l'Univers. Autrement dit, si vos pensées sont négatives, vous attirez le « malheur ». Si elles sont positives, vous attirez à vous des évènements qui font votre bonheur.

De mon côté, même si je partage en partie cette idée, je suis également convaincue qu'elle ne se suffit pas à elle-même.

Je suis d'accord pour dire que l'on est ce que l'on pense. Si je passe mon temps à me focaliser sur ce que je n'ai pas, ou sur ce que je ne suis pas, je développe des énergies négatives. Pire encore si je me mets à envier ce que mon voisin possède.

Imaginez : cela fait quelques années que vous travaillez dans la même entreprise. Vous vous ennuyez dans votre poste de travail. Tous les jours, vous partez de chez vous en trainant les pieds. Vous ruminez votre mal-être au travail. Vous en parlez avec vos collègues. Clairement, votre travail vous pèse. Pour tuer l'ennui, vous participez activement

---

[8] Byrne, R. (2006). *Le Secret*. Atria Publishing Group. Beyond Words Publishing

aux ragots qui circulent autour de vous. Cela pimente votre quotidien !

Puis un beau matin, lors d'une réunion, votre directeur vous annonce que l'un de vos collègues est promu à un poste que vous enviez. C'est la douche froide. Vous êtes en colère, écoeuré(e), vous ruminez dans votre coin. Vous étiez là avant lui, vous auriez dû avoir ce poste, mais on ne vous l'a même pas proposé. Vous ne tardez pas à faire étalage de votre mécontentement auprès de vos collègues. »

Cela vous parle ?... C'est un comportement courant : je ne vais pas bien... je me focalise sur ce qui va mal... ça continue à aller mal. Et quand ça va bien pour mon voisin, cela me dérange. Et si l'on changeait de point de vue un instant ?

Mon job ne me convient plus... d'accord ! Alors, qu'est-ce que je peux faire pour que cela change ? De quoi aurais-je besoin ? Qu'est-ce qui ne me plaît plus dans ce que je fais ? Qu'est-ce qui me procure encore de la joie ? Ai-je une marge de manœuvre pour changer les choses ? Et si je pouvais changer quelque chose, par quoi je commencerais ? Est-ce que je peux en échanger avec ma hiérarchie ?

Cette dernière question entraîne parfois la réponse suivante :

« Ça ne sert à rien que j'en parle à ma hiérarchie, je sais que ça ne changera rien ! »...

Avez-vous seulement essayé ? Avez-vous des pistes de solution à suggérer à votre manager ? Etes-vous prêts à exposer des arguments solides pour qu'ils aient une chance d'être entendus ? Très souvent, on se contente de souligner ce qui ne va pas, et on en oublie l'essentiel... que puis-je proposer pour que cela se passe mieux ?

Bref, plutôt que de partir en s'avouant vaincu, si on essayait de prendre la route avec l'espoir que de jolies choses peuvent se passer ? A titre d'illustration, avez-vous suivi dernièrement les aventures de Nans et Mouts, ces deux trentenaires qui partent en voyage complètement nus, comptant sur l'hospitalité des gens qu'ils rencontrent pour trouver gîte, couvert, et accessoirement... vêtements ![9] Avez-vous observé comme ils croient à leur aventure ? A chaque croisement de rues, à chaque rencontre, ils espèrent, rêvent et osent... croire à leur bonne étoile, croire en la bonté de l'être humain, qui, l'espace d'un instant, d'une heure, une journée, une nuit, va faire partie de leur voyage, et leur permettre d'avancer un peu plus

---

[9] Nus et culottés, maison de production Bonne Pioche

loin. Certes, il y a des moments de doutes, d'incertitude, de découragement… mais qu'importe, ils continuent d'avancer, et cela finit toujours par payer. Croyez-vous vraiment que leur voyage serait le même s'ils prenaient la route en se disant que c'était perdu d'avance ?... Bien sûr que non.

Evidemment, il est de bon ton de rester réaliste quant à ses objectifs, et être conscient du fait que tout ne se passera pas bien tout le temps. Mais ne peut-on pas considérer que les accidents de parcours font partis du voyage ? Si je veux être complètement honnête, je dois avouer que ces incidents, que je rencontre comme tout le monde, ont le don de me plomber toute envie de poursuivre mes buts parfois. Il arrive même que je m'effondre très vite et très fort… mais cela ne dure jamais longtemps ! Je me relève toujours, et je continue d'y croire. Ou bien, simplement, l'échec me fait envisager les choses de façon différente, et me permet de comprendre que la voie envisagée est sans issue, et qu'il me faut réajuster l'itinéraire.

✖ Trouver sa propre voie

★ Le bonheur

Le bonheur se construit pas à pas. Spontanément, l'enfant se réjouit d'un rien, il se dirige vers des activités qui lui procurent du plaisir, de l'émerveillement. Mais en grandissant, l'adulte qu'il devient oublie bien vite cette facilité au bonheur.

Qu'est-ce que le bonheur ? Je souhaite exposer ici les propos de Frédéric Lenoir, extraits de son livre *« Du bonheur, un voyage philosophique ».*[10]

Le constat est clair. Les études montrent que le bonheur, c'est 50 % de génétique, 40 % de ce que l'on fait, et 10 % liés aux conditions environnementales extérieures. Autrement dit, peu importe si vous êtes nés au cœur d'une favella ou au sein d'une villa paradisiaque, vous pouvez être heureux par le biais de ce que vous faites au quotidien.

Mais pour cela, le philosophe insiste sur le fait qu'il est primordial de réaliser des choses qui

---

[10] Lenoir, F. (2015). *Du bonheur, un voyage philosophique.* Editions Fayard

vous tiennent à cœur, qui vous « remplissent », qui vous donnent l'impression d'être à votre juste place.

Souvenez-vous : l'enfant est sans cesse en quête d'activités qu'il aime... et vous ? Certes, nous ne pouvons pas passer nos journées à jouer aux jeux vidéos, ou à jardiner si telles sont les choses que nous aimons faire. Mais pourquoi ne pas nous autoriser à exercer une activité quotidienne qui nous satisfait ? Pourquoi serions-nous obligés de choisir un métier en fonction de sa rémunération, ou du fait que ce soit un métier porteur sur le marché de l'emploi ? *« Ce n'est pas si simple ! »* diront certains. Certes, ce n'est pas simple. Mais soyons honnêtes : je préfère faire des efforts pour réaliser un projet qui me tient à cœur, même si c'est difficile, plutôt que de faire des efforts quotidiens, jusqu'à la fin de mes jours, pour tenir bon dans un job qui ne me satisfait pas. Et vous ? Dans tous les cas, nous sommes d'accord, cela ne sera pas facile. Mais qu'est-ce qui vous procurera le plus de satisfaction ?

J'en reviens donc à l'idée principale de Frédéric Lenoir : notre bonheur dépend en grande partie de nos actes. Quelle bonne nouvelle ! Nous sommes maîtres de notre bonheur, et nous pouvons

le construire à l'envie ! Alors, êtes-vous prêts ?!
Allons-y !

★ Retrouver ses envies profondes

Hormis lorsque nous sommes enfant ou adolescent, on nous demande rarement ce que nous souhaitons réellement faire de notre vie. Tout au plus s'y intéresse-t-on lorsqu'on perd subitement son emploi, ou que les quelques mois d'un congé maternité ou congé parental nous offre des occasions de nous recentrer sur nos envies profondes.

Mais au fait, de quoi rêviez-vous quand vous étiez enfant ? Qu'aimiez-vous faire ? Evidemment, vos rêves ont peut-être changé, évolué. Mais quand bien même, vos habitudes de l'époque peuvent vous donner des pistes quant à vos talents naturels. Etiez-vous du genre à dessiner pendant des heures ? Passiez-vous le plus clair de votre temps dehors, à la recherche du ver de terre ou de la petite bête qui viendrait compléter votre collection ? Aimiez-vous par-dessus tout vous essayer à la cuisine, concocter de délicieux gâteaux et autres merveilles culinaires ? Ou étiez-vous doué de vos mains, capable de réparer en un tour de main le jouet que vous aviez cassé une heure plus tôt ?... Tant de possibilités... pour tant d'êtres différents.

Et maintenant ? C'est comment pour vous ? Qu'est-ce qui vous fait vibrer, avancer, espérer ? Et je pense que nous pouvons tous nous poser cette question qui a transcendé toutes mes représentations : si l'argent n'existait pas, que feriez-vous de votre vie ?

Souvenez vous des propos de Frédéric Lenoir : seulement 10 % de notre bonheur est lié à l'environnement dans lequel nous évoluons. Autrement dit, être riche et accumuler des biens n'est pas gage de bonheur. Alors, évidemment, avoir suffisamment d'argent pour vivre correctement contribue au fait d'être serein, ne nous le cachons pas. Mais encore une fois, est-il plus important de faire ce qui vous plaît vraiment dans la vie ou d'acheter le dernier modèle de voiture que vous convoitez ? Ne pensez-vous pas être plus heureux autour d'un plat de pâtes avec de véritables amis, plutôt qu'à une table garnie de champagne et autres petits fours, avec des gens dont vous ne savez que penser ? Cela semble évident, non ?

Alors, je réitère ma question : si l'argent n'existait pas, que feriez-vous en ce moment même ? Il y a un indice qui ne trompe pas : quand nous faisons quelque chose que nous aimons réellement, nous ne voyons pas le temps passer, nous sommes comme hypnotisés. De mon côté, l'une des choses que j'aime faire, c'est écrire. Lorsque je me livre à cette activité, le temps qui passe perd toute notion objective. Je ne sais plus s'il est 14h ou 22h, je ne me rends pas compte que j'ai sauté un repas, ou qu'il serait temps que j'aille me coucher. Car je me laisse emporter par ce flow si particulier, qui me soulève, m'apaise, et me donne la douce sensation d'être à ma place, ici et maintenant. Bien souvent, ce sentiment s'accompagne d'une sensation de liberté infinie, comme si tout était possible, comme si plus rien ne comptait, sauf ce que je suis en train de faire.

Peut-être me direz-vous maintenant que vous êtes satisfait de votre travail, mais que vous ne parvenez pas pour autant à être heureux autant que vous l'espérez. La question est simple : quels sont vos rêves ?

Quand je parle de « rêves », je ne suis pas en train d'évoquer des projets complètement fous et ambitieux. Cela peut être des choses toutes simples : apprendre à monter à cheval, pouvoir partir en vacances l'été prochain, pouvoir aider des gens dans le besoin, apprendre à parler italien, s'occuper d'animaux abandonnés, etc. Bref, je ne vous propose pas de révolutionner votre vie, mais simplement de vous donner l'accès à vos envies profondes, à ce qui vous fait plaisir... ces choses vers lesquelles vous vous tourniez spontanément quand vous étiez enfant, ou celles auxquelles vous n'aviez jamais pensé, mais qui surgissent dans votre esprit au détour d'une conversation, d'un reportage, d'une série-télé.

A ce sujet, un livre que j'ai découvert récemment, *La Magie de la liste*[11], peut largement vous aider. L'auteur, Yuval Abramovitz, nous livre des techniques qu'il a lui-même testées et approuvées pour aller au bout de ses rêves. La première est extrêmement simple : faire la liste de ses rêves. *« Pas besoin, direz-vous, je n'ai pas de rêve... »* ou encore *« Inutile, je connais mes rêves, mais ils sont inatteignables »*. Vraiment ? Si vous deviez mourir demain, que regretteriez-vous de ne pas avoir fait ? Vous avez la réponse ? Très bien, alors mettez vous en marche maintenant.

Rendez-vous compte : un tiers des français rêve d'écrire un livre... Pourtant, sur ce tiers, seuls

---

[11] Abramovitz, Y. (2018). *La magie de la liste*. Editions Fayard

4 % d'entre eux passent à l'acte[12]. Mais pourquoi est-il si difficile d'avancer vers son rêve ? Peur d'échouer ? Peur de ne pas aller au bout de la démarche ? Manque de méthode, d'organisation ? Découragement avant même d'avoir commencé ? Les raisons sont sans doute nombreuses. Le fait est que, vous aurez beau vous trouver les meilleures excuses du monde, elles vous soulageront sur le moment, car elles vous donneront un sentiment de légitimité à ne pas entreprendre de démarche, mais finiront par vous donner un grand sentiment d'insatisfaction, voire de dévalorisation.

Alors, êtes-vous maintenant pleinement convaincu de l'importance de mettre tout en œuvre pour accomplir vos rêves, vos projets ?... Si oui, il est temps de se mettre en route…

---

[12] Sondage réalisé par Odoxa pour Amazon. Publié le 20 mars 2015.

✂ Quelques remarques et conseils avant de vous lancer…

Choisissez un objectif, un rêve… Inutile de courir plusieurs lièvres en même temps, vous finiriez par vous épuiser (sauf évidemment si cela vous convient et que vous avez le temps et l'énergie pour vous y consacrer)

Quand vous avez défini votre rêve, votre projet, mettez vous en marche tout de suite… même si vous ne pourrez peut-être pas atteindre votre objectif immédiatement, réalisez au moins une démarche, un petit pas vers ce que vous souhaitez. On pense souvent qu'on aura plus de temps plus tard. Evidemment, ce n'est qu'un leurre.

Sortez de votre zone de confort… Vous avez peur d'échouer ? Et alors ? Quel est le risque ? Evidemment, si le risque est important, vous avez le droit de réétudier la faisabilité de votre projet. Mais généralement, vous ne risquez pas grand chose. Quand j'ai annoncé fébrilement à mon conjoint l'envie de travailler à mon compte, il m'a simplement répondu *« Vas-y ! Qu'est-ce que tu risques ? Au pire, si ça ne marche pas, tu retrouves un poste en entreprise. »* Et voilà… envolée la peur d'échouer ! Alors, je l'avoue, retrouver un poste en entreprise n'est vraisemblablement pas si simple, mais le fait de m'autoriser à en prendre le risque a été libérateur.

Provoquez la chance !... N'attendez pas que cela tombe du ciel. On se crée soi-même sa propre chance. Ayez l'esprit d'initiative, et n'hésitez pas à développer des idées nouvelles.

Restez motivé quoi qu'il arrive... Soyons francs, vous rencontrerez certainement quelques déconvenues, vous serez peut-être même confronté à l'échec, et cela ne sera pas forcément agréable sur le moment. Mais dès lors que vous aurez trouvé votre chemin, tout vous semblera incroyablement fluide. Cela ne veut pas dire que ce sera de tout repos, mais cela sera simplement agréable et vous donnera de l'énergie. Il se peut sûrement que vous compreniez plus tard que vos échecs étaient en fait une aubaine, car ils vous ont permis d'emprunter une voie plus adaptée à vous-même et à vos projets.

Fréquentez des gens positifs... Il n'y a rien de pire que de s'entourer de personnes qui viennent sans cesse réduire vos rêves en miettes. Il y a un test simple pour définir si une personne vous prend de l'énergie inutilement. Repensez à la dernière soirée que vous avez passé avec un(e) ami(e) en particulier. Dans quel état étiez-vous en arrivant ?... Et en repartant ?... Si vous étiez globalement mieux en repartant qu'en arrivant, c'est que vous fréquentez les bonnes personnes ! Sinon, posez vous les bonnes questions. Evidemment, vos amis, même les plus positifs, auront des passages à vide, et rien ne vous empêche d'être là pour eux lorsque ce sera le cas. Mais de manière générale, évitez les gens qui ressassent sans cesse les mêmes choses, qui pestent contre la terre entière, et qui ne trouvent rien de bon dans leur existence ni dans le monde qui les entoure.

Sentez vous libre d'avancer vers votre rêve sans craindre le regard des autres... Quoi que vous fassiez, certaines personnes seront toujours là pour vous critiquer (pas toutes, évidemment, et fort heureusement !). Tandis que certains vous blâmeront de ne rien faire, d'autres vous blâmeront d'en faire trop. Alors, finalement, faites ce dont vous avez envie !

Si vous êtes fatigué, arrêtez vous... Oui, vous avez le droit de ne pas être en forme, de ne pas être au top niveau 24h /24h. Quand c'est le cas, octroyez vous un moment rien qu'à vous. Même si vos enfants ou votre travail vous accaparent tout votre temps, délimitez vous un moment qui vous appartient, même si ce n'est que quelques minutes. Intégrez le fait que votre corps ou votre esprit vous réclame un moment « off », et que le mieux que vous puissiez faire est de vous l'accorder. Sortez vous promener, prenez un bain, écoutez votre morceau de musique préféré, respirez profondément, qu'importe ce que vous faites, mais faites le consciemment pour vous, et savourez ce moment. Et si vous ressentez le besoin d'en échanger avec quelqu'un, confiez vous à quelqu'un qui saura être bienveillant et vous insuffler de l'énergie positive.

Et maintenant, êtes-vous prêt à faire vos premiers pas vers votre rêve ?! C'est parti !...

Mes jeux pratiques pour avancer vers votre rêve

✖ **Prendre de la hauteur :**
Autorisez vous d'abord à regarder votre situation sous un nouvel angle. Souvenez-vous de cette magnifique scène, dans le film *« Le cercle des poètes disparus »*, où le professeur Keating, joué par Robin Williams, invite ses élèves à regarder le monde sous un angle différent, en montant sur son bureau pour prendre de la hauteur... Quelle belle image, n'est-ce pas ?

Imaginez vous, en train de vous élever, comme lorsque vous faites un voyage en avion. Rapidement, vous prenez de l'altitude, et tout devient plus léger, certains détails deviennent insignifiants. Imaginez maintenant que ce paysage est celui de votre vie. Regardez votre vie d'en haut, pour n'en retenir que ce qui compte le plus pour vous. Qu'aimeriez-vous y ajouter ? ou transformer ?

....
....
....
....
....

✘ Définir son rêve :

L'expérience m'a montré que le fait de passer par l'écrit est indispensable pour avancer vers son rêve, son projet. Et finalement, cela se révèle être plutôt facile, si tant est qu'on se libère de toute contrainte. Il est vrai que l'on a tendance à assimiler l'écrit aux évaluations dont on a fait l'objet à l'école... Oubliez tout ça ! Je vous propose un jeu des plus libérateurs...

★ Le jeu de la liste :

Clairement inspiré du livre « La magie de la liste », que je cite plus haut, je vous propose le jeu suivant :

Prenez une feuille de papier, et pendant cinq minutes, autorisez vous à y écrire, sans vous arrêter, tout ce à quoi vous rêvez, sans vous censurer. Ecrivez le plus vite possible, comme s'il s'agissait d'un exercice de rapidité. Laissez venir tout ce qui vous passe par la tête, sentez vous libre d'expérimenter ce jeu. Ne raturez pas votre feuille.

Rappelez vous qu'il n'y a pas de petit rêve, ni de rêve impossible ! Sentez comme tout devient plus fluide au fur et à mesure que vous écrivez. Sentez l'ivresse d'imaginer tout ce que vous pourriez bientôt réaliser. Ca y est, vous y êtes ?...

....
....
....
....
....
....
....
....
....
....
....
....
....
....
....
....
....
....
....
....
....
....
....
....
....
....
....

Laissez reposer cette liste un jour ou deux…
puis, tranquillement, relisez là.

Retenez les trois rêves qui ont pour vous la
priorité. Les critères de choix vont dépendre
uniquement de vous. Certains choisiront de retenir
leurs rêves d'enfants, car ce sont les plus lointains.
D'autres iront vers les rêves qui leur semblent les
plus accessibles dans l'immédiat, car cela leur
paraît plus aisé. D'autres encore feront un choix
sans savoir vraiment pourquoi ils le font, se laissant
porter par leur intuition.

Qu'importe donc les raisons de vos choix,
faites simplement ce tri, et entourez les trois rêves
auxquels vous allez donner la priorité, et notez les
ici :

....

....

....

A partir de ces trois choix, à vous
maintenant de n'en retenir qu'un seul, sur lequel
vous allez vous concentrer sur les semaines ou les
mois à venir. Notez le ici :

....

Si le jeu de la liste ne vous a pas suffi, répondez donc aux questions suivantes :

⇨ Si l'argent n'existait pas, que ferais-je de ma vie ?

....

....

....

....

....

⇨ Si je devais mourir ce soir, qu'est-ce que je regretterais ?

....

....

....

....

....

✖ Prendre confiance...
★ Le jeu du meilleur ami

Souvenez vous, la confiance en soi est importante pour enclencher l'envie d'avancer et de réaliser ses rêves. Nos amis ont souvent les mots qu'il faut pour nous redonner de la force quand nous en manquons.

Imaginez... Vous avez la possibilité de vous placer face à vous-même, et de vous dire toutes ces choses bienveillantes que pourrait vous dire votre meilleur(e) ami(e), pour vous aider à vous mettre en marche vers votre rêve... Que vous diriez-vous ?

....
....
....
....
....
....
....
....
....
....
....

....

....

....

....

....

....

....

....

....

La confiance en soi se cultive chaque jour. Chaque fois que vous aurez pris la peine de dépasser quelque peu votre zone de confort, que vous aurez réussi de petits défis, votre assurance augmentera… Puis un jour, vous vous retournerez et vous apercevrez tout le chemin que vous avez parcouru pour en être là aujourd'hui, et vous savourerez ce moment.

Dans le même ordre d'idée, n'hésitez pas à tenir un journal, de la même façon que le font les adolescents avec leur journal intime. Je vous garantis que lorsque vous relirez, au bout de quelques mois, les premières pages de votre carnet, vous vous direz que vous étiez bien loin d'imaginer tout le potentiel que vous aviez.

✂ Garder sa motivation intacte :
★ Le tableau de visualisation

Partant du principe de la pensée positive, le tableau de visualisation va vous permettre de conserver votre motivation tout au long du chemin vers votre rêve.

Le principe : mettre en images, agrémentées de quelques mots, votre rêve/projet.

Deux approches sont possibles :
- créer un tableau de visualisation qui représente votre vie rêvée, dans tous ses aspects : vie professionnelle, personnelle, loisirs, réalisations,…
- ou créer un tableau de visualisation dédié à votre rêve/projet du moment.

Ensuite, c'est très simple :
- cherchez des images en lien avec votre rêve. Vous en trouverez dans vos magazines préférés, sur Pinterest, sur Instagram, et sur internet en général… bref, les sources ne manquent pas !

- faites de même avec des mots ou des citations qui vous inspirent, et qui parlent de votre rêve/projet

- imprimez les photos, citations, qui ont besoin de l'être

- sortez vos plus beaux ciseaux, et appliquez vous pour découper tout ce petit monde

- choisissez le support qui accueillera votre tableau de visualisation. Il y a deux options : soit vous souhaitez pouvoir l'emmener partout avec vous, auquel cas, choisissez un carnet. Soit vous voulez pouvoir l'afficher, pour avoir l'occasion de l'admirer aussi souvent que vous passerez devant, auquel cas, choisissez une grande feuille, un peu épaisse.

- collez et disposez les éléments de votre œuvre : choisissez colle, scotch, rubans type masking tape, etc…

- rendez le tout joli : pour avoir envie d'admirer votre tableau de visualisation le plus souvent possible, faites vous plaisir, et mettez-y ce qui vous fait envie ! Des rubans, des gommettes, des touches de feutres, des plumes, des autocollants, etc…

- trouvez un endroit pour l'exposer ou le ranger : comme indiqué plus haut, soit vous choisissez d'emmener votre tableau de visualisation partout, auquel cas, vous trouverez un type de support qui vous permettra de le faire (carnet ou autre), soit vous souhaitez pouvoir l'afficher dans votre petit nid douillet. Dans ce cas, choisissez l'endroit qui vous semblera le plus adapté : votre salon si vous souhaitez montrer à tous votre œuvre, vos rêves, vos envies… Si vous souhaitez être plus discret, pensez à la chambre à coucher. Quel bonheur de pouvoir se réveiller chaque matin et s'endormir chaque soir face à vos rêves… !

Pour illustrer mes propos, je vous propose le tableau de visualisation que je viens de créer. En parallèle de l'écriture de ce livre, je suis en train de réaliser les démarches pour m'installer en tant que praticienne en hypnose. C'est un projet qui me tient à cœur, pour lequel il me faut avoir de l'énergie, et surtout, tenir sur la longueur. Car aussi passionnant qu'il soit, ce projet comporte aussi des obstacles. Rien de tel qu'un tableau de visualisation pour conserver ma motivation à son niveau optimum !

Pour conclure sur ce point, j'aimerais souligner le fait que, même sans tableau de visualisation, vous pouvez tout simplement faire l'effort, quotidiennement, d'imaginer votre rêve comme s'il était vrai. Si votre rêve est de partir en voyage en Australie, imaginez votre périple. Visualisez les rencontres que vous y ferez, les sensations que vous pourrez y vivre, sentez l'air de ce continent caresser doucement votre visage... Bref, faîtes comme si vous étiez ! Vous verrez que cet exercice d'imagerie mentale vous permettra de maintenir vos efforts pour mettre de l'argent de côté, puis organiser le voyage de vos rêves.

✖ Avancer vers son rêve :

Parlez de votre rêve autour de vous, à des gens bienveillants… Rappelez vous, évitez autant que possible de vous confier à des gens négatifs, qui auront toujours le bon argument pour vous faire renoncer.

Echangez, partagez, rêvez tout haut de votre projet… et voyez ce qu'il en ressort. Que vous disent vos amis ? Quelles idées émergent ? Bien souvent, c'est en parlant que de nouvelles solutions apparaissent, et parfois, ce sont les plus adéquates.

Une fois rentré chez vous, écrivez en vrac tout ce qu'il est ressorti de vos échanges… Laissez reposer le tout, et relisez vos notes quelques jours plus tard. Il y a de fortes chances pour que vous puissiez dire « Eureka ! ».

★ Le jeu de l'apéro-rêves :

Et si vous organisiez une soirée dédiée à votre rêve ?! Quelques amis bien choisis, un apéritif dinatoire… et on laisse libre cours à ses idées… chacun vient apporter ses conseils, ses encouragements… et pourquoi pas son aide ? On sous-estime souvent la force du réseau. Il y a toujours quelqu'un qui connaît quelqu'un… qui pourrait nous donner un coup de pouce. Et en fin de soirée, pourquoi ne pas proposer à quelqu'un (ou à plusieurs) de repartir avec son rêve à lui ?! Un projet pour lequel il s'engagerait à partir de ce moment...

Un kit téléchargeable du jeu de l'apéro-rêves est disponible sur simple demande par mail, à l'adresse suivante : aperoreves@gmail.com

✖ Atteindre son objectif

Une fois que vous avez mis en pratique les conseils exposés ci-dessus, il ne vous reste plus qu'à avancer, à votre rythme, vers votre rêve, et savourer chaque petite victoire. Sans même vous en apercevoir, vous verrez que vous êtes capable de beaucoup.

Fixez vous des échéances ! Ne vous dites pas qu'un jour, vous vous mettrez à la peinture ; définissez une date.

Inscrivez ici l'échéance concernant le rêve que vous vous êtes fixé plus haut :

....

Chaque fois que vous réussissez à accomplir quelque chose en lien avec votre rêve, en sortant de votre zone de confort, notez-le, prenez-en conscience. Cela viendra renforcer votre confiance en vous-même, et vous permettra d'avancer encore plus loin la fois suivante.

....
....
....
....

....
....
....
....
....
....
....
....
....
....
....
....
....
....
....

✖ Votre rêve est atteint… !

Félicitations ! Pensez à sortir le champagne[13] et à fêter dignement votre réussite ! Retournez vous pour admirer tout le chemin que vous avez parcouru. Sentez vous fier de ce que vous avez réalisé. Partagez votre bonheur avec vos proches, qui seront heureux de votre réussite. Remerciez les éventuellement pour leur aide, leurs conseils.

Et surtout… savourez… l'euphorie peut parfois retomber comme elle est venue, et vous aurez besoin d'un autre rêve, d'un autre projet à atteindre, pour retrouver l'adrénaline qui vous pousse à avancer. Alors profitez du moment présent. Ce moment où vous êtes au summum du bien-être, au paroxysme de l'excitation, car vous avez atteint le sommet.

---

[13] L'alcool est à consommer avec modération

A tous les rêveurs...

Ce livre touche maintenant à sa fin... J'espère sincèrement qu'il permettra à un maximum de personnes de prendre confiance en elles, et de se mettre en marche pour accomplir leurs rêves.

N'oublions jamais de rêver, de croire, d'oser, d'espérer... Le rêve rend libre, il transcende tout, si tant est que l'on prenne la peine d'y croire.

Si d'aventure, vous souhaitez me faire part de vos expériences « de rêves », de vos projets, n'hésitez pas à le faire ! Partageons nos expérimentations comme des petits bouts d'aventures qui pourront être utiles à tous. La page que j'ai créée sur Facebook s'appelle *« Libres de rêver »*. Elle est antérieure à ce livre, et se prête bien à ce type de partages. Alors, entrez dans la danse...

...et faites de beaux rêves !

' C'est justement la possibilité de réaliser un rêve qui rend la vie intéressante '
Paulo Coehlo

' Ne renoncez pas à faire ce que vous voulez vraiment faire. Là où il y a des rêves, de l'amour et de l'inspiration, vous ne pourrez pas vous tromper '

Ella Fitzgerald

' Ceux qui ne croient pas en l'impossible sont priés de ne pas déranger ceux qui sont en train de le faire '
Voltaire, *Candide*